Bishan Shayan

Brückenbauer in Uniform: Mein Weg vom afghanischen Flüchtling zum deutschen Soldaten

Brückenbauer in Uniform: Mein Weg vom afghanischen Flüchtling zum deutschen Soldaten

Bishan Shayan

2025

Carola Hartmann Miles-Verlag

Bibliografische Information der Deutschen Nationalbibliothek
Die Deutsche Nationalbibliothek verzeichnet diese Publikation in der Deutschen Nationalbibliografie; detaillierte bibliografische Daten sind im Internet über www.dnb.de abrufbar.

© 2025 Carola Hartmann Miles-Verlag,
George-Caylay-Str. 38, 14089 Berlin
www.miles-verlag.jimdo.com
email: miles-verlag@t-online.de

Herstellung: Libri Plureos GmbH, Friedensallee 273, 22763 Hamburg

Printed in Germany

ISBN 978-3-96776-091-0
Ebook 978-3-96776-092-7

Inhalt

Prolog: Wandler zwischen den Welten

Als Afghanistan nach dem überstürzten Abzug der internationalen Truppen Mitte 2021 zurück in die Hände der radikalislamistischen Taliban fiel, war das für die vielen Einsatzveteraninnen und -veteranen ein großer Schock. Zwanzig Jahre Fortschritt am Hindukusch wurden vor den Augen der freien Welt binnen kürzester Zeit pulverisiert. Die vielen Jahre des Aufbaus, der Strapazen und all die Gefallenen, Verwundeten und Traumatisierten schienen umsonst.

Bishan Shayan ist einer der Menschen, die in besonderer Weise mit dem geschundenen Land am Hindukusch verbunden sind und für die diese Entwicklung einen tiefen Einschnitt bedeutet haben muss: Sein Leben beginnt in einem Afghanistan, das bereits durch Krieg und Terror zerrüttet ist. Als Kind führt ihn sein gefährlicher Weg nach Deutschland, wo er und seine Familie mit unerwarteten Herausforderungen konfrontiert sind. Sie lassen in ihm allmählich den Wunsch reifen, Brückenbauer zwischen den Kulturen zu werden. Die Korrektur einer Übersetzung, die er unaufgefordert in einem Gerichtssaal vornimmt und die dafür sorgt, dass er und seine Familie ein dauerhaftes Bleiberecht in Deutschland erhalten, wird für ihn zum Schlüsselerlebnis. Wenige Jahre später zieht er eine deutsche Uniform an und begleitet die Bundeswehr in ihre gefährliche Mission zurück nach Afghanistan. Als Dolmetscher und interkultureller Vermittler teilt er mit seinen Kameradinnen und Kameraden die ständige Bedrohung durch Sprengfallen und Angriffe. Der unerschütterliche Glaube an seine Bestimmung trägt ihn auch durch schwierige Zeiten, und dennoch: Am Ende findet er sich zwischen all diesen Realitäten nicht mehr zurecht.

Wenn Sie, liebe Leserinnen und Leser, die eindringliche Geschichte von Bishan Shayan lesen, dann wird Ihnen sehr bewusst werden, dass es bei einer Flucht nicht nur um das nackte Überleben geht. Es geht auch darum, in einer neuen Welt Wurzeln zu schlagen, Träume zu verwirklichen und ein Leben in Würde zu führen. Nur wenn viele Menschen dabei helfen, Brücken zu bauen, kann eine Verbindung zwischen der alten, verlorenen Heimat und einer neuen, hoffnungsvollen Zukunft entstehen.

Am 11. September 2024 nahm ich am dritten Kongress des Patenschaftsnetzwerkes Afghanische Ortskräfte in Berlin teil. Wie schon in den Jahren zuvor war ich zwischen den vielen Afghaninnen und Afghanen sowie freiwilligen Helferinnen und Helfern der einzige deutsche Soldat in Uniform. Während meines Vortrages wies ich darauf hin, dass der Ausgangspunkt all der Themen, die wir bei diesem Kongress besprechen würden, exakt dreiundzwanzig Jahre zurücklag: Am 11. September 2001 krachten gekidnappte Passagierflugzeuge in das World Trade Center und das Pentagon und beendeten das Leben von annähernd 3.000 Menschen. Daraus resultierend veränderte sich in den Jahren danach das Leben von Millionen weiterer Menschen. In Afghanistan. Aber auch in vielen anderen Ländern. Allein die Bundeswehr entsendete knapp 130.000-mal Soldatinnen und Soldaten an den Hindukusch. 60 Gefallene, 300 Verwundete, tausende Traumatisierte – damit blickt unser Land auf den verlustreichsten, teuersten und folgenschwersten Einsatz seit Bestehen der Bundesrepublik zurück. Auch für viele Bundeswehrangehörige ist das strategische Scheitern dieses Einsatzes schwer erträglich und hat bei ihnen zu nachträglichen Sinnverlusten geführt.

Mit zunehmendem zeitlichem Abstand vom westlichen Truppenabzug läuft Afghanistan Gefahr, allmählich in Vergessenheit zu geraten; und damit auch das Schicksal der Einwohnerinnen und Einwohner, aber auch das der Menschen, die unterstützt, geholfen und gekämpft haben. Ihre Leistungen werden angesichts neuer Krisen und Konflikte zusehends marginalisiert.

Im August 2024 jährte sich der Abzug der internationalen Truppen aus Afghanistan zum dritten Mal. Die Taliban feierten dieses Jubiläum als »Tag der Befreiung« mit einer Militärparade auf dem ehemaligen US-Luftwaffenstützpunkt Bagram Air Base. Dabei präsentierten sie sich in amerikanischen Truppentransportern, Kampfpanzern und Helikoptern. Im selben Monat erschwerten sie das Leben in Afghanistan durch eine Verschärfung des »Tugend-Gesetzes« und den Erlass eines neuen Dekrets: Frauen ist es demnach beispielsweise verboten, in der Öffentlichkeit zu sprechen, zu singen oder den Koran zu zitieren. Sie müssen sich in der Gegenwart von Männern verhüllen und dürfen öffentliche Verkehrsmittel nur in Begleitung von männlichen Verwandten nutzen. Schon vorher war es ihnen untersagt worden, sich zu bilden und sich in Schönheitssalons zu treffen. Insbesondere Frauen werden damit zunehmend entrechtet und letztendlich zu unsichtbaren Wesen.

Es ist kaum vorstellbar, wie sich Menschen fühlen, die nicht nur über viele Monate und Jahre in Afghanistan engagiert waren, sondern dort auch ihre eigenen Wurzeln haben. Den Schmerz, den Bishan Shayan fühlt, kann man beim Lesen seines Buches erahnen. Und auch wenn es angesichts der aktuellen Umstände zynisch klingen mag: Ich wünsche ihm und den vielen Millionen Afghaninnen und Afghanen eine blühende Zukunft!

Marcel Bohnert

Oberstleutnant i.G.,
Stellvertretender Vorsitzender des
Deutschen BundeswehrVerbandes

Vorwort

In den prägenden Jahren meiner Jugend lebten wir in einem Afghanistan, das von Schönheit und Konflikten geprägt war. Meine Familie und ich trafen dann die Entscheidung, unsere vertraute Heimat zu verlassen und uns auf die schwierige Reise nach Deutschland zu begeben. Dies war keine leichte Entscheidung, sondern das Ergebnis langer Gespräche und durchwachter Nächte, in denen wir uns Sorgen um unsere Zukunft machten, aber auch von der Hoffnung auf ein besseres Leben ohne Taliban erfüllt waren.

Jeder Schritt dieser Reise erforderte Mut, als folgten wir einem Pfad durch Dornen. Aber ich ließ mich nicht von Verzweiflung oder Ängsten lähmen. Stattdessen schöpfte ich Kraft aus der Energie meiner Jugend und meiner unbeugsamen Entschlossenheit, die von der Hoffnung auf eine bessere Zukunft genährt wurde.

Als wir in Deutschland ankamen, fühlte ich mich wie ein Baum, der in fremder Erde Wurzeln schlagen musste. Die Anpassung an eine faszinierende, aber auch fremde Kultur erforderte Geduld, die ich mir erst aneignen musste. Ich wollte nicht nur eine neue Sprache sprechen, sondern auch eine neue Art zu denken und zu fühlen erlernen.

Mit der Zeit wuchs ich in meine neue Rolle hinein. Die deutsche Sprache, anfangs ungewohnt, wurde zur Melodie meines neuen Lebens. Schulbildung und Ausbildung wurden zu Werkzeugen, mit denen ich meine Zukunft gestaltete. Durch meine Arbeit bei der Bundeswehr verwandelte ich mich von einem schutzsuchenden Immigranten zu einem Wächter des Friedens und stolzen Mitglied der deutschen Gesellschaft.

Heute, nach mehr als zwei Jahrzehnten in Deutschland, sehe ich mich nicht nur als Immigranten, sondern als Brückenbauer zwischen den Kulturen. Meine Erfahrungen haben mich gelehrt, wie wertvoll Demokratie und Menschlichkeit sind. In Deutschland fand ich nicht nur Schutz, sondern auch die Möglichkeit, mich für diese Werte einzusetzen. Ich erkannte, dass eine funktionierende Demokratie aktive Bürger braucht, die für Freiheit und Gleichheit einstehen. Mein Buch ist nicht nur Rückblick, sondern auch Manifest der Hoffnung und des Glaubens an die Kraft menschlicher Solidarität.

In meinem Buch schildere ich meine Lebensreise — ein Mosaik aus Höhen und Tiefen, Sonnenschein und Wolken. Ich teile meine Erlebnisse in der Hoffnung, Licht zu entzünden und Brücken zu bauen. Unsere Unterschiede sollten uns nicht trennen, sondern eine Quelle des Lernens und des Zusammenhalts sein.

Ich lade Sie ein, mich auf dieser Reise zu begleiten, die in Afghanistan beginnt und sich bis nach Deutschland windet. Möge meine Geschichte Ihnen eine neue Perspektive auf Themen wie Immigration, Integration und Diskriminierung bieten und ein Fenster zu einem tieferen Verständnis der Menschlichkeit öffnen, die uns alle verbindet. Möge es ein Lied der Verbundenheit sein, das in Ihren Herzen Anklang findet und Sie inspiriert.

*Alle Menschen sind Glieder voneinander,
da sie in der Schöpfung aus demselben Juwel entstanden
sind.
Wenn das Schicksal eines Gliedes Schmerzen verursacht,
können die anderen Glieder keinen Frieden finden.
Wenn du unberührt vom Leid der anderen bist,
verdienst du es nicht, als Mensch bezeichnet zu werden.*)*

*) Saadi, bedeutender persischer Dichter aus dem
13. Jahrhundert (ca. 1210-1291)

Saadis Mahnung zur kulturübergreifenden Solidarität hat bis heute nichts von ihrer Bedeutung eingebüßt. In einer Zeit, in der Egoismus und Gleichgültigkeit oft vorherrschen, erinnern uns seine Worte daran, Mitgefühl zu zeigen und füreinander einzustehen. Sie sind eine Aufforderung, über uns selbst hinauszuwachsen, Brücken zu bauen und Mitmenschlichkeit als eine gemeinsame Verpflichtung zu sehen.

1. Flucht und Ankunft in Deutschland

Im Jahr 2001, in den kriegsgezeichneten und entlegenen Gebieten Afghanistans, lebte eine Familie, die entschlossen war, den harschen Winden zu trotzen, die gegen ihre Zelte der Hoffnung bliesen. Diese Familie bestand aus meinem Vater, meiner Mutter, meinen vier jüngeren Geschwistern, meinem älteren Bruder und mir selbst. Wir bereiteten uns darauf vor, unsere Heimat zu verlassen und nach Deutschland auszuwandern.

Es sollte ein Reiseweg voller Qual und Besorgnis werden, der durch die Hände eines Schleppers begann, eines Mannes mit Augen, in denen das Schicksal gleich einem unentwirrbaren Netz wob. Mit schwerer Stimme sagte er uns, dass es gefährlich sei, die gesamte Familie auf einmal nach Deutschland zu bringen; er schlug vor, dass mein Bruder und ich vorerst zurückbleiben sollten; so würde der Ausreise meiner Eltern und meiner jüngeren Geschwister nichts im Wege stehen. Es war ein Angebot, das von unserem Vater in Absprache mit uns angenommen wurde, voller Angst und Zweifel, aber geprägt von einer schrecklichen Notwendigkeit. Was blieb uns anderes übrig, als dem Pfad der Hoffnung zu folgen?

So kam es, dass meine Eltern und jüngeren Geschwister ausreisten, während mein älterer Bruder und ich als Jugendliche getrennt von unserer Familie an einem uns fremden Ort zurückblieben. Wenige Tage später riefen uns unsere Eltern an. Sie waren bereits in Deutschland angekommen. Die Freude war groß.

Mein Bruder und ich fühlten uns verloren in einem endlosen Warten, gefangen in einem Raum zwischen der erdrückenden Vergangenheit und einer Zukunft voller Ungewissheit. In dieser Zeit des Wartens lernten wir, Geduld zu üben und Vertrauen in das Schicksal zu haben. Wir wussten, dass die Reise, die vor uns lag, lang und voller Gefahren sein würde. Der Gedanke daran, eines Tages wieder mit Eltern und Geschwistern vereint zu sein und gemeinsam ein neues Kapitel zu beginnen, gab uns Kraft und hielt uns aufrecht.

2. Erste Schritte in einer neuen Welt

Ende April desselben Jahres brachen auch wir nach Deutschland auf. Kurz nach der Ankunft bei unserer Familie in Nordrhein-Westfalen meldeten wir uns beim örtlichen Bundesamt für Migration und Flüchtlinge (BAMF). Das Schicksal zeigte sein schroffes Gesicht, als mein Bruder und ich von dort aus sofort nach Chemnitz geschickt wurden. Ein Ort, fern unserer Familie, ein Ort, der uns noch viel fremder erschien.

Wie zwei einsame Seefahrer, die auf einem unruhigen Meer segelten, traten wir in eine neue Welt ein. Die Kultur und die Sprache waren uns fremd, doch mit den Bahntickets und der Adresse unseres Zielortes schafften wir es selbstständig nach Chemnitz. Dort, auf einem riesigen Gelände, wurden wir in einer Erstaufnahmeeinrichtung untergebracht, ein Ort, der mit den Seelen von vielen Flüchtlingen gefüllt war und in dem die Nationen aufgeteilt waren wie Sterne am nächtlichen Himmel.

Wir wurden Zeugen von Konflikten und Schlägereien sowie von Drogenhandel und anderen Geschäften, die in den dunklen Winkeln der Einrichtung getätigt wurden. An die Kantine, in der ich zum ersten Mal das „Philadelphia"-Frischkäseerzeugnis probierte, erinnere ich mich gerne, auch wenn das dort bereitgestellte Essen oft nicht ausreichte und wir uns selbst Nahrung kaufen mussten, um nicht hungrig durch die Nächte zu gehen.

Die Tage vergingen, und es war nicht leicht, uns in einer fremden Kultur zurechtzufinden. Doch wir waren entschlossen, Teil unserer neuen Heimat zu werden. Bildung war unser Leitstern, der uns in die Zukunft führen sollte.

3. Herausforderungen der Integration

Nach einem unglaublichen Berg an Bürokratie und zwei weiteren Monaten des Wartens wurden wir nach Reichenbach im Vogtland gebracht. Dort bekamen mein Bruder und ich ein Zimmer zugewiesen, inmitten von Menschen unterschiedlicher Nationalitäten. Das Leben dort war geprägt von der Selbstversorgung, von Coupons, die wir in einem kleinen Laden, der seine Türen nur für einige Stunden in der Woche öffnete, gegen Lebensmittel eintauschten. Die Preise waren dort höher als in den Supermärkten.

Unsere sehnlichste Erwartung, zur Schule zu gehen, wurde jedoch enttäuscht. Zuerst benötigten wir eine Aufenthaltserlaubnis, hieß es. Die Zeit schlich dahin, und die Worte der ansässigen Afghanen hallten in unseren Ohren nach: Dies könne mehrere Monate oder sogar Jahre dauern. So lebten wir in der neuen Welt mit einer noch unerfüllten Sehnsucht nach Bildung und Integration.

In den Tagen, die auf unsere Ankunft in Reichenbach folgten, lastete der Abstand zu unserer Familie schwer auf unseren Herzen. Der Wunsch, uns mit unserer Familie in NRW zu vereinen, brannte in uns; zudem wussten wir, dass unsere vier Geschwister dort bereits die Schule besuchten. Noch schlimmer waren aber die Diskriminierungen und Feindseligkeiten, denen wir ausgesetzt waren.

Ich erinnere mich an einen kühlen, nebligen Tag auf einem Bahnhof, der mit dem Echo ferner Züge gefüllt war. Mein Blick kreuzte den eines etwa 50-jährigen Mannes. Seine Augen durchbohrten mich auf eine seltsame Weise. Verwirrt und neugierig sah ich ihn an; dann setzte ich mich auf die Bank, auf der er saß. Unvermittelt stand er auf und verließ hastig den Bahnhof, als würde er vor einem Gespenst fliehen. Wie gerne hätte ich ihn damals angesprochen, hätte ich sein merkwürdiges Verhalten hinterfragt, doch ich war gefangen in der Stille meiner Unkenntnis der deutschen Sprache.

Diese Begegnung war nur ein flüchtiger Schatten im Vergleich zu dem, was wir sonst in Reichenbach erlebten. Wenn wir zu Fuß unterwegs waren, öffneten Autofahrer ihre Fenster und ‚heulten‘ uns auf eine Weise an, die uns zutiefst verletzte und in unseren Seelen fürchterliche Narben hinterließ. In der fremden Stadt fühlten wir uns hilflos. Aber wir hatten keine Wahl. Wir mussten durchhalten, weiterkämpfen, unsere Ziele verfolgen, auch wenn jeder Schritt schwerfiel.

4. Familienzusammenführung und neue Hoffnung

Als wir Reichenbach endlich nach vier Monaten verlassen konnten und in NRW bei unserer Familie ankamen, fühlten wir eine Erleichterung, die so tief und süß war wie das Trinken aus einer klaren Quelle nach langer Reise. Doch die Erleichterung war flüchtig, denn bald erreichten uns Nachrichten von schrecklichen Dingen. Die Flammen des Hasses hatten unseren vorherigen Aufenthaltsort Reichenbach erreicht.

Wir hörten von Neonazis, die unsere ehemalige Unterkunft in Brand gesetzt hatten, und von Flüchtlingen, die in Lebensgefahr waren. Die Nachrichten zeigten Bilder von brennenden Asylheimen und Menschen in Panik. In unseren Herzen kam die Frage auf: Wie kann so etwas in Deutschland geschehen?

Diese Nachrichten zeigten mir, dass Extremismus in verschiedenen Formen existiert. Nicht nur der islamistische Extremismus, vor dem wir geflohen waren, sondern auch der rechtsextreme Hass bedrohte unsere Sicherheit. Die Neonazis verbreiteten Angst und Schrecken. Es schien, als ob sie ungestraft davonkommen würden. Diese Erfahrungen bestärkten mich in meiner Überzeugung, dass wir alle – unabhängig von unserer Herkunft – für Demokratie, Rechtsstaatlichkeit und Menschlichkeit einstehen müssen.

Ich hoffte und betete, dass die Behörden handeln würden, doch es lag ein Gefühl der Machtlosigkeit in der Luft. Es war eine Zeit voller Trauer und Angst.

Wir waren dankbar, in NRW zu sein, doch wussten wir auch, dass unsere Sicherheit nur ein trügerischer Schein war.

Diese Tage haben uns gestärkt. Es war eine harte Zeit, doch sie formte uns zu widerstandsfähigen Kämpfern für die bessere Zukunft, zu Menschen, die verstanden haben, was es bedeutet, sich für Liebe und Verständigung einzusetzen.

Nun, da so viele Jahre vergangen sind und ich ein Wanderer zwischen den Welten geworden bin, blicke ich zurück und sehe klar. Die Regierung und die Medien, sie tragen eine große Mitschuld an jenen Zuständen, die mich und meine Familie so hart geprüft haben. Doch trotz der Dunkelheit, die jene Tage umhüllte, gab es auch helle Strahlen des Lichts, Augenblicke, die uns auf unserem steinigen Pfad Trost spendeten. Denn inmitten dieser Wirrnisse begegneten wir Menschen, die wie Sterne am Nachthimmel auftauchten und uns unterstützten. Ihre Güte wärmte unsere Herzen.

5. Bildung als Schlüssel zur Zukunft

Kaum zwei Wochen nach unserer Ankunft in NRW öffneten sich uns die Pforten der Heinrich-Drake-Schule in Lemgo. Im Oktober 2001 betraten wir erstmals diese Stätte des Lernens und wurden in eine Sprachklasse für Einwandererkinder aufgenommen. Hier fanden wir uns unter Mitschülerinnen und Mitschülern, die größtenteils russischsprachig waren – eine Brücke zu meiner in Afghanistan erlernten russischen Fremdsprache. Diese Schule war ein Schmelztiegel vieler unterschiedlicher Sprachen; für mich wurde sie zu einem Ort, an dem ich Deutsch lernte und meine Russisch-Sprachkenntnisse verbesserte.

Die Lehrerinnen und Lehrer dieser Schule dienten uns als Orientierungspunkte in einer fremden Umgebung. Sie bemühten sich, uns beim Einleben zu unterstützen, als wären wir zarte Pflanzen, die in einem neuen Garten Wurzeln fassen sollten. Sie waren geduldig, verständnisvoll und voller Ermutigung.

Freunde fanden wir nicht nur unter den Schülern, sondern auch unter den weisen Lehrern. In den Pausen, jenen Momenten des Innehaltens, sprachen sie über uns in meist wohlwollenden Tönen. Ich erinnere mich noch, als ob es gestern gewesen wäre, an das Gespräch mit meiner Deutschlehrerin und ihrem Ehemann, einem Professor. Sie ermutigten uns, lobten unseren Fleiß und glaubten fest daran, dass wir es schaffen würden. Ihre Worte drangen tief in mein Herz, gaben mir das Gefühl der Zugehörigkeit und ließen mich erkennen, dass unsere Arbeit wertgeschätzt wurde. Einmal bat mich sogar die Schulleiterin, Schülerinnen und Schüler der 8. Klasse zwei Stunden lang in Mathematik zu unterrichten.

Viele Lehrer wurden meine Freunde, und diese Freundschaften halten bis heute. Ich bin ihnen dankbar für die Unterstützung, die sie mir und meiner Familie zuteilwerden ließen.

Voller Dankbarkeit blicke ich auf diese positiven Erfahrungen zurück. Sie waren wie warme Sonnenstrahlen, die durch die Wolken brachen, und mir halfen, mich in der neuen Umgebung zurechtzufinden. Inmitten dieses stürmischen Lebens wurden sie zu Leuchttürmen, die mir den Weg wiesen, damit ich mich auf das Positive konzentrieren konnte und die Schatten der negativen Erfahrungen mich nicht überwältigten.

In den Sommerferien konnten wir Kraft für den nächsten Abschnitt unseres Lebensweges sammeln. Wir waren in einem Alter, in dem der Besuch einer regulären Schule nicht mehr möglich war. Im Lüttfeld-Berufskolleg fanden wir eine Klasse mit Gleichgesinnten, die wie wir mit der deutschen Sprache rangen.

Im ersten Jahr tauchten wir ein in einen Strom intensiven Deutschunterrichts. Es war wie ein riesiger Wissensstrom in Naturwissenschaften, Geschichte, Sozialwissenschaften und Politik. Die Tage flossen dahin, gesäumt von praktischen Unterrichten in der Tischlerei, die wöchentlich zweimal stattfanden. Es waren Tage der Herausforderung, aber auch des Triumphs. Erfolgreich schlossen wir die Förderklasse ab, unsere Noten glänzten. Es war ein erster Meilenstein, der uns Stolz machte und Kraft gab.

Im folgenden Schuljahr wechselten wir in die 9. Klasse. Statt Holztechnik stand Metalltechnik auf dem Lehrplan. Wie Schmiede in einer antiken Werkstatt wurden wir in die Geheimnisse der Metallbearbeitung eingeweiht, lernten Techniken und Werkzeuge, die uns wie magische Instrumente vorkamen. Der Hauptschulabschluss in der Fachrichtung Metalltechnik öffnete uns neue Türen auf unserem Weg ins Berufsleben.

Für mich und meinen Bruder brachte das neue Schuljahr am Berufskolleg Veränderungen mit sich; unser Weg teilte sich. Mein Bruder wandte sich der Elektrotechnik zu, während ich, angezogen von den

Farben des Lebens, zur Klasse für Farbraum und Gestaltungstechnik wechselte. Der Unterricht in Farben, vor allem das Gestalten von Wänden und Objekten, wurden meine Leidenschaft, und die Tage, selbst die langen mit acht Unterrichtsstunden, verflogen wie ein flatternder Schmetterling. Der mittlere Schulabschluss war ein weiteres Glied in der Kette meiner Erfolge.

Doch die Fänge der deutschen Bürokratie ließen mich nicht los. Die von 2001 bis 2002 abgelehnten Asylanträge hingen wie düstere Wolken über meiner Familie und mir.

Mit befristeten Aufenthaltsgenehmigungen lebten wir in einem Zustand der Ungewissheit. Zweimal im Jahr mussten wir zum Ausländeramt gehen, wie Pilger auf einem endlosen Weg. Wir beauftragten einen Anwalt, doch unsere Beschwerde wurde abgelehnt. Schließlich reichten wir Klage beim Sozialgericht ein.

Im März des Jahres 2005 rief uns das Schicksal vor Gericht, eine Arena der Gerechtigkeit, in der wir, meine Eltern, mein älterer Bruder und ich, mit bangen Herzen erschienen. Im Sitzungssaal dieses würdevollen Amphitheaters waren neben der Richterin und ihrer Schreibkraft auch ein Dolmetscher und unser Anwalt. In diesen Wänden spürten wir die Macht des Gesetzes.

Die Richterin stellte Fragen, immer wieder, unerbittlich. Sie trafen wie Pfeile in das Herz unseres Lebens. Der Dolmetscher übersetzte, was mein Vater antwortete. Frühzeitig bemerkte ich, dass seine Übersetzungen verzerrt waren, dass er nicht alles wiedergab, was mein Vater sagte. Mir schien es, als würde der Dolmetscher unsere Geschichte verfälschen, als würde er den wahren Kern unserer Worte verschleiern.

Mit pochendem Herzen machte ich mich bemerkbar und bekundete der Richterin meinen Einwand. In einer Szene, die ich nie vergessen werde, erklärte ich, dass die Übersetzungen nicht stimmten, und übersetzte das, was mein Vater tatsächlich gesagt hatte. In diesem Moment veränderte sich die Atmosphäre im Saal. Der Dolmetscher wurde unsicher, spürte die Bedeutung seiner Aufgabe und bat darum, gehen zu dürfen. Doch die Richterin lehnte ab, und er blieb, fortan konzentriert und korrekt, mit meiner wachsamen Kontrolle im Nacken.

Dieser Moment, liebe Leserinnen und Leser, steht für mich als Mahnmal für die Ernsthaftigkeit, mit der man seine Aufgaben als Dolmetscher wahrnehmen sollte. Unsere Zukunft hing an seinen Worten. Dolmetscher sind das wichtigste Glied in jedem Dialog bei Ämtern und Gerichten. Leider haben meine Erfahrungen gezeigt, dass Behörden darauf nicht immer großen Wert legen.

An jenem Tag endete die Verhandlung im Nebel der Ungewissheit; das Ergebnis blieb verborgen hinter den Türen der Justiz. Unser Anwalt war zufrieden, konnte aber nicht sagen, in welche Richtung die Entscheidung fallen würde. Wir warteten, atemlos, voller Hoffnung, aber auch Furcht.

Wochen vergingen, ach, es könnten auch Monate gewesen sein, bis die schriftliche Entscheidung endlich eintraf. Es war ein Schreiben von gewaltiger Bedeutung, ein Schlüssel für unsere Zukunft in einem Land, das im Schatten des schrecklichen Angriffs auf das World Trade Center und des Krieges gegen die

Taliban stand. Wir befürchteten, dass die deutsche Politik Afghanistan als sicheres Land einstufen und uns zurückschicken würde. Doch das Amtsgericht Minden nahm uns all unsere Sorgen und Ängste. Es war, als hätte das Schicksal sein hartes Antlitz abgelegt und uns ein Lächeln geschenkt.

Unsere Lebensumstände waren schwer gewesen, geprägt von Platzmangel in einer Gemeinschaftsunterkunft mit zwei Zimmern für acht Personen, in der das Lernen zu einer Herausforderung wurde. Ich arbeitete nebenbei als Tellerwäscher, ein bescheidener Job, der es mir ermöglichte, meinen Führerschein zu finanzieren. Ein Führerschein, den mir die Gesetze eigentlich verwehrten, da ich ohne afghanische Ausweisdokumente eingereist war. Doch das Schicksal, in Form des Internets, hatte mir einen Weg gezeigt, und so erlangte ich meinen Führerschein durch eine Beurkundung beim Notar, der meine Identität bestätigte – ein Weg, der später anderen verschlossen blieb.

In jenen Tagen, als die Erinnerung an meine Kindheit noch sehr klar war, ergab sich ein Wendepunkt in meinem Leben. Das Stück Papier, der Führerschein, der in meiner Hand lag, war mehr als eine Fahrerlaubnis; es war ein Symbol für Freiheit und Fortschritt. Ich erwarb ein Auto, nicht aus Luxus, sondern als Werkzeug, um meiner Familie das Leben zu erleichtern. Meine Tätigkeit als Tellerwäscher stellte ich ein; fortan arbeitete ich in einem Pizza-Lieferservice.

Die Entscheidung des Gerichts beendete unsere Zeit als Asylbewerber im Asylantenheim. Sie gab uns ein Zuhause, Privatsphäre, und sie schenkte uns Hoffnung. Sie war wie ein Lichtstrahl in einem dunklen Kapitel unseres Lebens, ein Kapitel, das von Krieg, Flucht und Ungewissheit geprägt war. Es war ein Sieg der Menschlichkeit, ein Triumph über die Härten der Politik, der uns erlaubte, unseren Platz in dieser neuen Welt zu finden und unsere Träume zu verwirklichen.

Die Sehnsucht nach einem eigenen Zuhause führte uns auf den Immobilienmarkt, wo wir nach langer Suche das perfekte Reiheneckhaus entdeckten. Es war mehr als ein Gebäude, es war ein Versprechen auf eine bessere Zukunft. Wir wollten das Haus in unser Zuhause verwandeln. Die Fähigkeiten, die ich im Berufskolleg erlernt hatte, waren hierfür äußerst nützlich. Jeder Pinselstrich in Tapezier-, Farb- und Holztechnik war ein Ausdruck meiner Träume. Mein Herz schwoll an vor Dankbarkeit, als ich den Laminatboden verlegte, unterstützt von Geschwistern, die wie ich daran glaubten, dass wir zusammen etwas Großes schaffen können.

Als ich den Realschulabschluss erlangt hatte, stand mir der Weg zum Fachabitur offen. Angeboten wurden Mediendesign oder Elektrotechnik. Die Sprache, die ich immer noch lernte, war eine Barriere für Mediendesign. So entschied ich mich widerstrebend für Elektrotechnik. Doch die Liebe zu meinem gewählten Fach fehlte; daher brach ich den Kurs ab.

Die Leere, die sich in den Tagen darauf in mir ausbreitete, füllte ich mit Entschlossenheit. Ich wollte nicht abwarten, sondern meine Zukunft selbst gestalten. Ich begann zu arbeiten, suchte nach Ausbildungsplätzen und schrieb Bewerbungen für das nächste Ausbildungsjahr, da es für das laufende bereits zu spät war. Die Antwort kam bald in Form eines Anrufs von einem Lackierbetrieb. Nach dem Vorstellungsgespräch wurde mir ein Praktikumsplatz angeboten. Damit hatte ich die Chance, meine Eignung zu beweisen.

Ich stürzte mich mit voller Kraft in diese Tätigkeit. Die Werkstatt wurde zu meiner Bühne, die Kunden zu meinem Publikum. Mit handwerklichem Geschick überzeugte ich innerhalb einer Woche den Meister und die Geschäftsführerin. Sie boten mir einen Job an. Ich sah darin eine Wertschätzung meiner in so kurzer Zeit erworbenen Qualifikationen.

Dank meines Schulabschlusses in Farb-, Raum- und Gestaltungstechnik konnte ich direkt in das zweite Ausbildungsjahr einsteigen. Für mich war dieser Triumph ein Zeichen dafür, dass Träume wahr werden können, wenn man fest daran glaubt und bereit ist, hart zu arbeiten. Eine Ausbildung, die meinen Wünschen entsprach – es war der Beweis, dass das Leben immer Chancen bietet, wenn man den Mut hat, sie zu ergreifen.

Nun konnte ich meine Leidenschaft für Farben und Autos voll ausleben. Ich sammelte wertvolle Kenntnisse und erweiterte meine Fähigkeiten. Insgesamt waren diese zwei Jahre eine unglaublich bereichernde Erfahrung für mich. Ich habe meine Ausbildung im Januar 2008 erfolgreich abgeschlossen und konnte im Zuständigkeitsbereich der Handwerkskammer Ostwestfalen-Lippe zu Bielefeld den ersten Platz belegen. Dadurch qualifizierte ich mich für den Leistungswettbewerb des deutschen Handwerks in NRW; dort erreichte ich den zweiten Platz.

Im Jahre 2007 klopfte das Schicksal sanft an die Tür unseres Hauses. Ich lernte meine heutige Ehefrau kennen. Wie die Strahlen der Morgensonne, die einen nebligen Hügel erleuchten, war das Verständnis zwischen uns unmittelbar und klar. Unsere Seelen, wie in einer mystischen Sprache sprechend, beschlossen, den Bund fürs Leben einzugehen – eine Entscheidung, die uns folgerichtig und erstaunlich zugleich erschien.

Mit der Vollendung meiner Ausbildung begann die Zeit der Wanderung. Meine zukünftige Braut wartete in Baden-Württemberg, wo sie studierte und ihre eigenen Träume verfolgte. Es war meine Aufgabe, die Entfernung zu überbrücken und in ihre Welt einzutauchen.

Zunächst begab ich mich auf die Suche nach einer Anstellung als Fahrzeuglackierer. Es war ein Beruf, in dem meine Hände und mein Herz gleichermaßen zu Hause waren. Über das Internet fand ich eine Anzeige, die mich nach Leonberg bei Stuttgart führte. Mit klopfendem Herzen und festem Willen rief ich an, stellte mich vor und bat darum, eingestellt zu werden. Meine Worte flossen frei und meine Sätze drückten deutlich aus, was ich wollte. Und schon erhielt ich eine Zusage.

So begann meine Zeit in Baden-Württemberg, als Teil einer Familie, die mich aufnahm, als ob ich immer dazu gehört hätte. Ich zog ins Elternhaus meiner Verlobten ein, wo ich mit Wärme und Liebe empfangen wurde, was mich zutiefst berührte. Meine Verlobte und ihre Eltern wurden zu meinem Kompass in einer neuen Landschaft, zu meinem Wegweiser in der Dunkelheit. Sie zeigten mir Orte und gaben mir

Empfehlungen, so dass ich mich schnell in Stuttgart zurechtfinden konnte.

Während meine Verlobte und ich gemeinsam das Alltagsleben meisterten, suchten wir nach einer eigenen Wohnung. Wie zwei Schatzsuchende durchkämmten wir Online-Anzeigen und Wohnungsinserate, lachten über unsere Unsicherheiten und träumten von unserer gemeinsamen Zukunft. Nach drei Monaten des Suchens, des Hoffens und des Wartens fanden wir schließlich eine bescheidene Zweizimmerwohnung, die uns ansprach und uns wie ein Versprechen auf eine gute Zukunft erschien.

Die Aufregung beim Unterzeichnen des Mietvertrages entsprang unserer Faszination über den vor uns liegenden gemeinsamen Lebensabschnitt. Meine Brüder, treu und liebevoll, kamen extra aus NRW angereist, um uns bei der Renovierung und Einrichtung der Wohnung zu unterstützen. Mit nur zwei Matratzen, etwas Geschirr, Kleidung und Büchern bauten wir unsere kleine Welt auf, Stück für Stück, Tag für Tag.

Unsere erste gemeinsame Wohnung wurde zum Symbol unserer Liebe und unseres Engagements füreinander. Wir lernten Menschen kennen, fanden Freunde und erlebten eine Zeit voller Aufregung und Wunder. Diese lebendigen und warmen Erinnerungen sind tief in meiner Seele verwurzelt; ich werde sie darin immer als einige der schönsten Momente meines Lebens bewahren.

2008 stellte mich das Schicksal auf die Probe. Nach sechs Monaten in meiner damaligen Firma war ich aufgrund von Entscheidungen der Geschäftsleitung gezwungen, die Bühne der Arbeitswelt zu wechseln.

Doch ich war nicht verzweifelt. Mit einer Entschlossenheit, die nur aus der Tiefe der Dankbarkeit für meine neue Heimat entspringen konnte, machte ich mich bereits am nächsten Tag auf die Suche nach einem neuen Job.

Das Glück, das mich begleitete, schien meine Eile zu schätzen, und so fand ich rasch eine neue Anstellung. Doch es war nicht irgendeine Arbeit. Sie war besser vergütet als meine vorherige. So als wäre sie ein Trost für den unerwarteten Verlust meines Arbeitsplatzes.

Als afghanischer Einwanderer in Deutschland befand ich mich an der Schnittstelle zweier Welten, hin- und hergerissen zwischen zwei Seelen in meiner Brust. Ich spürte in mir das Verlangen, einen Beitrag zum Wohl beider Länder zu leisten und als „Brückenbauer zwischen den Kulturen" zu fungieren. Meine Augen richteten sich daher auf eine freie Stelle als Sprachmittler (Übersetzer) bei der Bundeswehr. Die zuständige Behörde, das Bundessprachenamt, erklärte, dass für diese Position sprachliche Kenntnisse, interkulturelle Kompetenzen und die deutsche Staatsbürgerschaft erforderlich seien. Das Hindernis, eine Mauer, die mich von meinem neuen Traum trennte, war die fehlende deutsche Staatsangehörigkeit.

Der Weg zur Einbürgerung war nicht einfach. Aber ich musste ihn gehen, wenn ich künftig Brücken zwischen den Kulturen bauen wollte. Mit einer Entschlossenheit, die nur echte Leidenschaft hervorbringen kann, verfolgte ich meinen Plan und stellte den Antrag auf Einbürgerung. Ich vertraute auf das Gesetz, das mir als politischem Asylbewerber nach sieben Jahren in Deutschland dieses Recht gewährte. Ich hoffte auf schnelle Bearbeitung und betete, dass meine Fähigkeiten bald für den Dialog zwischen den Kulturen zum Einsatz kämen.

Inmitten dieser beruflichen Neuausrichtung beschlossen meine Verlobte und ich, im Januar 2009 zu heiraten. Unsere Hochzeit war wie ein riesiges Projekt. 200 Gäste und eine Entfernung von 500 Kilometern zwischen dem Veranstaltungsort in der Nähe des Wohnorts meiner Familie in NRW und Stuttgart – diese Zahlen erschienen uns wie hohe Berge, die wir erklimmen mussten. Aber wir taten es mit Hingabe, mit dem unverwüstlichen Glauben, dass es unser besonderer Tag werden würde.

Die Musik, das Essen, die Dekoration – jedes Detail wurde von uns gemeinsam geplant, jede Herausforderung wurde mit Lächeln und mit familiärer Unterstützung gemeistert. Der Tag unserer Hochzeit strahlte wie ein Stern am Horizont unserer Liebe. Glück, Aufregung, Romantik – alles verschmolz zu einem unvergesslichen Erlebnis, das uns auf unserem weiteren Lebensweg begleiten wird.

Unsere Hochzeit war ein Triumph über alle Widrigkeiten, die wir erlebt hatten. Als der Sänger ankündigte, dass er ein Lied, das ich für unsere Hochzeit geschrieben hatte, singen würde und uns bat, in die Halle einzutreten, wo unsere Familien und Gäste auf uns warteten, war es ein großer, unvergesslicher Moment der Freude. Wir waren dankbar für die Unterstützung durch unsere Familien, für das Glück, das uns umgab. Es war ein Abschnitt auf unserem Lebensweg, der uns für immer in Erinnerung bleiben wird, in leuchtenden Farben und bewegenden Tönen.

Nach der überschwänglichen Hochzeitsfeier folgten Momente der Zweisamkeit und Ruhe. Schließlich kehrte ich in meine alltägliche Routine zurück. Die Arbeit als Fahrzeuglackierer in meiner zweiten Arbeitsstätte war mir vertraut; allerdings musste ich täglich mehr als 100 Kilometer zur Arbeitsstätte zurücklegen.

Aus heiterem Himmel tauchte eines Tages ein verlockendes Jobangebot auf. Es versprach, die Unannehmlichkeiten der langen und teuren Autofahrten zu beenden. Neben den mir vertrauten Lackierarbeiten bot es zudem die Gelegenheit, Oldtimer zu restaurieren. Schnell nahm ich das Jobangebot an und wechselte an einen neuen Arbeitsplatz in der Nähe meines Wohnorts.

Auf meiner neuen Arbeitsstätte lernte ich neue Techniken, neue Arbeitsabläufe und neue Menschen kennen. Ich verbesserte meine Fähigkeiten, erweiterte mein Wissen und fand neue Freundschaften, die bis heute andauern.

6. Der Weg zur deutschen Staatsangehörigkeit

Im dritten Quartal des Jahres 2009 öffnete sich ein weiteres Kapitel in meinem Leben. Stolz und mit einer Erleichterung, die nur jemand verstehen kann, der das selbst erlebt hat, erhielt ich die deutsche Staatsangehörigkeit. Es war mehr als ein Stück Papier, es war eine Anerkennung, ein Beweis, dass ich in den vergangenen Jahren den richtigen Weg gegangen war.

7. Berufliche Entwicklung und neue Perspektiven

Nun, mit meinem neuen Status als deutscher Staatsbürger, wagte ich den Schritt, den ich schon längere Zeit im Auge gehabt hatte. Ich bewarb mich als Sprachmittler beim Bundessprachenamt. Meine Bewerbungsunterlagen genügten den Anforderungen, so dass ich zu einem Vorstellungsgespräch eingeladen wurde.

Als ich mich darauf vorbereitete, war mir klar, was auf dem Spiel stand. Die mündliche Prüfung, sollte ich sie bestehen, könnte mich als Unteroffizier nach Afghanistan führen, wo ich im Felde zwischen der afghanischen Bevölkerung auf der einen und den Soldatinnen und Soldaten auf der anderen Seite vermitteln würde. Die schriftliche, noch anspruchsvollere Prüfung würde mich als Offizier in eine Kaserne innerhalb Deutschlands bringen, wo ich Schriftstücke übersetzen würde.

Die Entscheidung, die ich treffen musste, fiel mir nicht leicht, doch sie war ein notwendiger Schritt auf der Reise, die ich für mich selbst gewählt hatte. Sie leitete ein weiteres Kapitel in der Saga meines Lebens ein, reich an Drama und Bedeutung, und ich begann es mit der gleichen Entschlossenheit, die mich bisher geleitet hatte.

Im Vorfeld hatte ich mir überlegt, dass ich meinen militärischen Dienst gerne außerhalb von Kasernen oder Feldlagern ausüben möchte, um Kontakt zu

Einheimischen zu haben und meine Kameraden unmittelbar bei der Erfüllung ihrer Pflichten zu unterstützen. Deshalb entschied ich mich dafür, den schriftlichen Teil der Prüfung nicht zu bestehen.

Als ich meine Prüfungsergebnisse erhielt, war ich erleichtert und zufrieden. Ich hatte die mündliche Prüfung bestanden. In der schriftlichen Prüfung entsprachen meine Kenntnisse nur in Deutsch-Persisch den Anforderungen, nicht jedoch in Persisch-Deutsch. Damit hatte ich genau das erreicht, was ich wollte.

Die Wege des Lebens sind oft unergründlich und führen uns auf Straßen, die wir nie zu betreten gedacht hätten. Nach Jahren der Arbeit als Fahrzeuglackierer fühlte ich eine neue Berufung in mir. Es war eine Sehnsucht nach neuen Herausforderungen, an denen ich wachsen konnte. Sie kam aus der Tiefe meines Ichs. Noch bevor ich eine Einstellungszusage durch die Bundeswehr erhielt, meldete ich mich bei der Handwerkskammer Tübingen für einen Meisterkurs an.

Zur Vorbereitung auf die Meisterprüfung gab es zweimal pro Woche Veranstaltungen in der Berufsakademie Tübingen. Mit meinen Ausbildern traf ich die Vereinbarung, dass, falls ich in einen Auslandseinsatz der Bundeswehr entsandt würde, ich wöchentlich Lernmaterial per E-Mail bekomme. Dieses Arrangement hätte mir erlaubt, den Stoff im Selbststudium zu lernen.

8. Dienst in der Bundeswehr

2010 trat ich meine militärische Ausbildung an. Die Infanterieschule der Bundeswehr in Hammelburg, die zentrale Ausbildungsstätte der Infanterie des Deutschen Heeres, öffnete ihre Pforten für mich. Der Eintritt in die Bundeswehr markierte einen Richtungswandel in meinem Leben. Damals war ich mir allerdings noch nicht bewusst, wie sehr dies mein Leben verändern würde.

Meine Erinnerungen an den ersten Tag in Hammelburg sind noch so lebendig, als wären sie gestern gewesen. Ich erinnere mich an das pochende Herz in meiner Brust, als ich die Wache passierte und in der Kaserne war – alles war neu, alles war unbekannt.

Nachdem ich mein Auto geparkt hatte, begab ich mich zum Meldekopf. Dieses Zimmer war mehr als nur ein Ort für das Ausfüllen von Formularen; es war das Tor zu einer neuen Welt. Dort traf ich auf andere Kursteilnehmer. Es waren Menschen wie du und ich, die dem Ruf zur militärischen Ausbildung gefolgt waren. Hier kamen Seelen zusammen, die bereit waren, gemeinsam eine Reise zu beginnen.

Nach Abschluss der Formalitäten wurden wir zu unseren Stuben geführt – in einem Ritual, das den Übergang von unserer alten zu unserer neuen Welt symbolisierte. Am selben Tag erhielten wir unsere militärische Ausrüstung. Zudem wurde uns gezeigt, welche Orte in der Kaserne wichtig waren, Orte, die zu unseren neuen Heiligtümern wurden.

Meine Worte können kaum die Mischung aus Furcht, Aufregung, Neugier und Entschlossenheit beschreiben, die ich an jenem Tag empfand. Es war ein Tag des Anfangs, ein Tag des Wandels, ein Tag, der ein Versprechen in sich trug. Ein Versprechen, das ich bereit war zu erfüllen, eine Reise, die ich bereit war zu beginnen. Dieser Tag sollte mein Leben verändern; ich begegnete ihm mit offenen Armen.

In unserer militärischen Ausbildung wurden wir zunächst über die militärischen Grußformen und die Kleiderordnung unterrichtet. Unsere Gruppe bestand aus 30-40 Teilnehmern, darunter mehr als die Hälfte zukünftige Sprachmittler; der Rest gehörte zum nicht gedienten Personal der Bundeswehr. Die Dienstgrade reichten vom Feldwebel bis zum Oberstleutnant. Sie kamen aus verschiedenen Teilen Deutschlands.

Die militärische Ausbildung – ein „Soldaten-Crashkurs", wie ich ihn gerne nenne – war eine Einladung in ein hochintensives Umfeld mit hohen körperlichen und geistigen Belastungen. In einem kurzen Zeitraum von nur vier Wochen wurden wir in die Geheimnisse und Techniken des Militärs eingeweiht, einer Welt, die auf Messers Schneide zwischen Leben und Tod, zwischen Ehre und Schande balanciert.

Es war eine Zeit, die von einem erbarmungslosen und straff organisierten Ausbildungsplan bestimmt wurde, der eine hohe körperliche und geistige Belastbarkeit forderte. Ein Plan, der uns Tag für Tag, Stunde für Stunde, auf eine Reise mitnahm, von der die meisten Menschen in Deutschland keine Vorstellung haben. Wir lernten beispielsweise Überleben im Felde, die Bedienung verschiedener Waffen und richtiges taktisches Verhalten beispielsweise bei Hinterhalten. All das war aber nur die Spitze des Eisbergs.

Hinzu kamen Marschieren, Schießübungen mit Pistole und Gewehren, Geländeerkundungen, Nachtübungen oder die Nutzung von Nachtsicht-, Wärmebild- und anderen visuellen Geräten. Es gab Erste-Hilfe-Ausbildung, Patrouillen- und Gefechtsübungen und vieles mehr. Jeder Tag brachte neue Herausforderungen; jede Stunde stellte einen neuen Härtetest für Körper und Geist dar. Fortwährend mussten wir uns selbst und anderen beweisen, was wir zu leisten imstande waren.

Trotz der hohen Belastungen – oder vielleicht gerade deshalb – schlossen viele von uns die militärische Ausbildung erfolgreich ab. Wir erhielten Urkunden, die unsere Leistungen und unseren Mut bezeugten. Für mich und viele andere gab es dabei einen herausragenden Moment, der alles andere überstrahlte und unser Herz sowie unsere Seele tief berührte. Dies war das feierliche Gelöbnis, das in der dritten Ausbildungswoche stattfand. Ich erinnere mich noch gut an die elektrisch aufgeladene Atmosphäre während der Zeremonie. Wir Kursteilnehmer standen in Reih und Glied, während die Offiziere vor uns die Zeremonie leiteten. Ein Musikkorps der Bundeswehr begleitete die Veranstaltung musikalisch, die Töne stiegen und fielen wie der Wind, der über ein Schlachtfeld weht.

Im Rahmen des Gelöbnisses gelobten wir feierlich, der Bundesrepublik Deutschland treu zu dienen und das Recht und die Freiheit des deutschen Volkes tapfer zu verteidigen. Dieser Moment war so bedeutsam für mich, dass Worte ihm kaum gerecht werden können. Mir wurde klar, dass meine neue Rolle als Soldat Erwartungen an mich stellte, die weit über eine bloße staatsbürgerliche Pflicht oder berufliche Karriere hinausgingen. Ich leistete nun einen unverzichtbaren Beitrag zur Sicherheit unseres Landes. Mein Dienst symbolisierte alles, was gut und edel ist.

Die militärische Ausbildung und das Gelöbnis bewirkten eine Transformation, eine Metamorphose, die uns über unser früheres Selbst hinausführte und uns zu dem formte, was wir zukünftig sein würden.

Die anschließende vierwöchige Schulung in der Stapelholmer Kaserne in Seeth begann mit theoretischen Unterrichten über Kurz- und Langwaffen und kulminierte in intensiven Schießübungen. Hinzu kam die Schulung über Afghanistan, die uns direkt ins Herz der afghanischen Kultur und Lebensweise führte – einer Kultur, die für viele von uns nicht fremd, sondern tief verwurzelt war.

Die Unterrichte über die Geographie und Kultur Afghanistans waren allerdings nicht sinnvoll. Die Idee dahinter war klar: Die Kursteilnehmer sollten Einblicke in die verschiedenen Regionen, Stämme und Bräuche erhalten, um ein besseres Verständnis für die Menschen in Afghanistan zu entwickeln, damit sie ihren Auftrag erfolgreich umsetzen können. Allerdings waren die meisten Sprachmittler afghanischer Herkunft. Wir besaßen bereits ein tiefes Verständnis für die Kultur und Bräuche unseres Geburtslandes. Wir hatten in dem Land gelebt, seinen Atem gefühlt, seine Lieder gesungen. Meines Erachtens hätte dieser Teil der Schulung besser auf unsere tatsächlichen Bedürfnisse zugeschnitten sein müssen. Überhaupt hätten wir uns mehr auf militärische Fähigkeiten konzentrieren sollen, die uns bei unserer Arbeit vor Ort wirklich helfen würden, statt über Themen zu hören, die uns bestens vertraut waren.

Ein weiterer Schwerpunkt der Schulung lag im Erkennen von Gefahren und der angemessenen Reaktion darauf. Wir wurden darin geschult, Sprengfallen zu identifizieren und erlernten das richtige Verhalten in Minenfeldern. Es war eine schreckliche, belastende Lektion, die mit solcher Intensität unterrichtet wurde, dass sie später, im Einsatzgebiet, unser Verletzungsrisiko minimierte, weil wir uns stets der Gefahren bewusst waren.

Doch die Ausbildung ging noch tiefer. Wir lernten, wie wir in gefährlichen Situationen handeln sollten, wie wir unsere eigene Sicherheit und die Sicherheit unserer Kameraden gewährleisten konnten. Jede Lektion wurde mit einer solchen Dringlichkeit und einem solchen Ernst vermittelt, dass uns allen klar wurde: hier ging es nicht um bloße Theorie, sondern um überlebensnotwendige Praxis.

Eine besonders wichtige, für uns alle neue Fähigkeit war die Rettung von Verletzten. In unserer Ausbildung zu Rettungssanitätern der Stufe ‚Alpha‘ lernten wir, Verwundungen von einfachen Schnittwunden bis hin zu lebensgefährlichen Schuss- und Splitterverletzungen zu behandeln. Wir simulierten schwere Verletzungen wie beispielsweise Amputationen und übten den sicheren und schnellen Umgang mit Verbandsmaterial und Morphin-Injektionen.

Zur Ausbildung gehörte auch die Beschäftigung mit der oft explosiven Dynamik von Aufständen und Demonstrationen. Wir erlernten den Umgang mit Demonstranten genauso wie den Schutz kritischer Infrastrukturen.

Die Schulung war umfassend und intensiv, eine Einführung in eine uns gleichzeitig vertraute und fremde

Welt. Sie bereitete uns auf Herausforderungen vor, die wir uns zwar vorstellen konnten, deren volles Ausmaß wir jedoch noch nicht erfassten. Es war eine Ausbildung, die uns tief in das Herz des Krieges und des Lebens selbst führte. Sie formte und veränderte uns, rüstete uns für alles, was noch kommen sollte.

Während unserer Sprachmittler-Ausbildung in Seeth erhielten wir Besuch von zwei Mitarbeitern des Bundessprachenamts. Mit ihnen konnten wir ausführlich die verschiedenen Einsatzmöglichkeiten erörtern, die uns offenstanden. Uns wurde klar, dass jeder Einsatzort seine Vor- und Nachteile hatte.

In dieser Zeit brachte mich das Schicksal mit einem Kameraden zusammen, der sich als eine Quelle des Wissens erwies, das ich so dringend benötigte. Er war ein Mann, der Afghanistan aus der Perspektive eines deutschen Soldaten kannte, ein Sprachmittler, der seine Fähigkeiten in den weiten Landschaften dieses wilden Landes bereits unter Beweis gestellt hatte. Durch ihn erfuhr ich aus erster Hand, welche Möglichkeiten es gab, um im Einsatz als Sprachmittler tätig zu sein. Seine Erzählungen leiteten mich auf einen Weg, der mich zu meinem Schicksal führen sollte.

Nach gründlicher Abwägung aller Optionen und mit einem von Zweifel und Hoffnung erfüllten Herzen entschied ich mich für die Stelle als Sprachmittler in der ,Zelle Interkulturelle Einsatz-Beratung (IEB)' des deutschen Provincial Reconstruction Teams (PRT) im nordostafghanischen Fayzabad. Von der Bedeutung interkultureller Kompetenz für den Erfolg der ISAF-Mission in Afghanistan war ich fest überzeugt.

Schließlich wurde ich für das dritte Quartal 2010 eingeplant. Doch das launische Schicksal hatte andere Pläne für mich.

Als mein ziviler Arbeitgeber von meinem bevorstehenden mehrmonatigen Einsatz und dem damit verbundenen Arbeitsausfall erfuhr, traf er eine Entscheidung, die mich erschütterte: Mein befristeter Arbeitsvertrag wurde nicht verlängert. Ich fühlte mich schwer angeschlagen; dennoch war das Schicksal noch nicht fertig mit mir.

Von meiner Meisterschule erhielt ich eine weitere Hiobsbotschaft. Die Vorschriften hatten sich geändert. Es bestand nunmehr Präsenzpflicht. Die Entscheidung, die ich treffen musste, war grausam und ungerecht: Entweder der Einsatz in Afghanistan oder die Teilnahme an der Meisterausbildung, das war nun die Frage. Oder anders formuliert: Meine Pflicht gegenüber Deutschland, meiner neuen Heimat, oder meine berufliche Zukunft in der Wirtschaft?

Die Entscheidung, die ich treffen musste, fiel mir schwer. Doch nach sorgfältiger Überlegung, mit einem Herzen, das zwischen Pflicht und Leidenschaft hin und her tanzte, entschied ich mich schließlich für den Auslandseinsatz. Es war an der Zeit, meinen staatsbürgerlichen Pflichten nachzukommen. Zudem sah ich die Chance, etwas zu bewirken, dazu beizutragen, eine bessere Zukunft für das afghanische Volk und somit für die ganze Welt zu schaffen, das Böse (Taliban/Al-Qaida) zu besiegen und damit auch zum Erfolg der militärischen Mission beizutragen. Ich war damals davon überzeugt, die richtige Entscheidung getroffen zu haben.

Trotzdem lief nicht alles rund. Zwei Wochen vor dem geplanten Einsatz erhielt ich einen Anruf, der mich verzweifeln ließ. Das Bundessprachenamt teilte mir mit, dass ich aufgrund der fehlenden erweiterten Sicherheitsüberprüfung (Ü2) nicht am Einsatz teilnehmen könne. Meine Bitten, mein Drängen, meine Verzweiflung – nichts davon half. Meine Pläne waren zerschlagen.

Später erfuhr ich, dass die für mich bereits eingeleitete Sicherheitsüberprüfung ausgereicht hätte. Ich glaubte damals, meine Ausplanung wäre aufgrund von Planungsfehlern im Bundessprachenamt erfolgt. Der tatsächliche Grund dafür blieb mir bis heute verborgen.

Ohne Job, ohne Meisterqualifikation und ohne den ersehnten Auslandseinsatz fand ich mich in einer schweren Krise wieder. Doch schon bald entdeckte ich einen Weg, der mich aus dieser scheinbar hoffnungslosen Lage herausführen sollte. Entschlossen begann ich, aktiv nach einer neuen Anstellung zu suchen. Schließlich fand ich eine Stelle als Fahrzeuglackierer in einem neuen Unternehmen.

Das Schicksal hatte mich getestet, hatte mich fast zerbrochen, aber es hatte mich nicht besiegt. Ich hatte gelernt, ich hatte gelitten, ich hatte überlebt. Mein Weg war nicht geradlinig und überaus beschwerlich, und er schien mir auch nicht fair. Aber es war mein Weg, und ich ging ihn mit einem Kopf, der erhoben war, und einem Herz, das, obwohl es Narben trug, noch immer kräftig schlug. Zudem hatte ich gelernt, über den Tellerrand auf das Große der internationalen Politik zu schauen.

Kurz darauf erhielt ich erneut einen Anruf vom Bundessprachenamt. Diesmal wurde mir mitgeteilt, dass meine Ü2 abgeschlossen sei und ich somit in den Auslandseinsatz gehen könne. Obwohl ich mich darüber freute, fürchtete ich, erneut meinen Job zu verlieren. Tatsächlich war mein Arbeitgeber nicht bereit, mich für den Einsatz freizustellen. Aus diesem Grund lehnte ich das Angebot der Bundeswehr zunächst ab.

Doch das Bundessprachenamt, jenes unbarmherzige und hartnäckige Instrument des Staates, ließ nicht locker und kontaktierte mich wieder und wieder, wobei es mich immer tiefer in einen Strudel aus Verantwortungs- und Pflichtgefühlen hineinzog. Ich wollte die Teilnahme an einem Auslandseinsatz auf keinen Fall versäumen; der Ruf danach hallte tief in meinem Inneren. Daher suchte ich nach Auswegen. Ich wollte einen Arbeitgeber finden, der bereit war, mich für die Dauer des Auslandseinsatzes freizustellen.

Die Zeit verrann, die Tage wurden zu Wochen, und die Wochen wurden zu einem monotonen Trommeln des Wartens. Doch schließlich, zu meiner großen Erleichterung, fand ich einen Arbeitgeber, der mir die Freistellung ermöglichte. Sofort signalisierte ich dem Bundessprachenamt, dass ich bereitstünde. Die Einplanung folgte auf dem Fuße: vier Monate ab November 2011 in der Zelle ‚IEB‘ im PRT Fayzabad.

9. Erster Auslandeinsatz in Afghanistan

Am geplanten Abflugtag fuhr ich voller Vorfreude zum Bundessprachenamt nach Hürth. Bei meiner Ankunft lud mich der zuständige Referatsleiter zu einem Gespräch ein. Seine in unfreundlichem Ton gesprochenen Worte trafen mich wie Peitschenhiebe. Er warf mir vor, einen Tag zu spät erschienen zu sein. Ein solches Fehlverhalten würde er nicht dulden.

Ich war verunsichert, vor allem aber entsetzt über die Art und Weise, wie er mit mir sprach. Ich erklärte, dass die Schuld nicht bei mir läge, und forderte ihn auf, besser mit seinen Angestellten zu kommunizieren, um falsche Anschuldigungen zu vermeiden, wobei meine Stimme vor Zorn bebte.

In diesem Moment fühlte ich mich winzig und bedeutungslos. Mir kam es so vor, als hätte meine Existenz keinen Wert. Entschlossen bat ich ihn, dem Fahrer zu sagen, dass er mich zurück nach Hause bringen solle. Unter solch erniedrigenden Bedingungen war ich nicht bereit, meinen Dienst zu leisten. Auch später, während meiner Auslandseinsätze, erlebte ich immer wieder, dass Angehörige des Bundessprachenamts respektlos mit den Sprachmittlern umgingen.

Der Referatsleiter vollzog nun eine Kehrtwendung. Er sei, so sagte er nun in einem freundlichen Ton, falsch informiert worden. Daraufhin entschuldigte er sich und bat mich zu bleiben.

Aus tiefer Wertschätzung für die Arbeit unserer tapferen Soldaten in Afghanistan, die in den kargen Landschaften des fernöstlichen Horizonts ihren

Dienst verrichteten, und aus dem Wunsch zu helfen, akzeptierte ich die Entschuldigung des Referatsleiters und blieb. Es war ein Moment des stillen Einvernehmens, ein Symbol unserer gemeinsamen Mission.

Nach dem Gespräch brachte mich der wartende Fahrer zum Flughafen Köln-Wahn. Von dort sollte ich nach Termez in Usbekistan fliegen. Im Flughafenterminal warteten viele in Wüstentarnanzügen gekleidete Soldaten auf das Boarding. In ihren Augen lag eine Mischung aus Entschlossenheit, Hoffnung und einem tiefen Verständnis von der Pflicht und der Verantwortung, die wir alle teilten. Dort traf ich auch einen Sprachmittler-Kameraden. Er war bereits mehrmals im Einsatz gewesen und erzählte mir viel über das Leben dort. Seine Augen funkelten, als er von den Freuden und Leiden seines Dienstpostens erzählte. Er diente als Dolmetscher für Generalmajor Kneip, dem Befehlshaber des deutschen Einsatzkontingents und den Kommandeur der internationalen Schutztruppe im Norden Afghanistans. Seine Worte zeichneten ein lebendiges Bild von Herausforderungen und Erfolgen, von Freundschaften und Verlusten, und ich spürte die Anziehungskraft dieser fernen Welt.

Schließlich flogen wir mit einem Airbus A310 der Deutschen Luftwaffe nach Termez. Dort übernachteten wir in einem von unseren Soldaten auf dem Flugplatz betriebenen Containerlager. Meine Nacht war erfüllt von fremden Geräuschen und neuen Gedanken. Sehnsüchtig wartete ich auf den morgigen Sonnenaufgang. Ich wollte schnellstmöglich nach Afghanistan, in das Land, das nach mir rief.

Der Weiterflug nach Masar e-Sharif erfolgte mit einer C-160 Transall. Er fühlte sich an wie ein schwebender Übergang vom Vertrauten ins Unbekannte. Obwohl ich erleichtert war, mein Ziel erreicht zu haben, begleiteten mich gemischte Gefühle aus Vorfreude, Angst, Hoffnung und Besorgnis.

Mein Ziel war Fayzabad, ein abgelegenes Juwel im Nordosten Afghanistans, in den Weiten des Hindukusch, wohin ich gemeinsam mit zwei Kameraden — einem Angehörigen der militärischen Feuerwehr und einem Kasernenfeldwebel — am nächsten Tag fliegen sollte.

In Mazar e-Sharif empfing uns ein Kamerad der Feuerwehr, dessen herzliche Freundlichkeit und Fürsorge uns ermöglichte, in einem Gästezelt neben der Landebahn des Militärflughafens unterzukommen, was sehr tröstlich war. Doch das Land zeigte uns schnell seine Macht: Aufgrund von Sandstürmen verzögerte sich unser Weiterflug nach Fayzabad. Erst nach drei Tagen konnten wir mit einem kleinen zivilen Jet der Niederländer dorthin fliegen.

Meine Reise als deutscher Soldat in Afghanistan begann also in Mazar e-Sharif, genauer: im Camp Marmal, dem größten Feldlager der Bundeswehr außerhalb Deutschlands. Die Tage und Nächte pulsierten mit dem Leben im Kriegsgebiet, geprägt vom Scheppern der Stiefel auf staubigem Boden und dem Geruch von Schweiß und Metall.

Camp Marmal bildete einen Mikrokosmos menschlicher Kultur. Die Soldaten aus verschiedenen Nationen arrangierten sich miteinander und strebten danach, das Beste aus ihrer schwierigen Lage zu machen. Die Landschaft um das Camp war karg, geprägt von staubigen Straßen und Sand. Die Temperaturen waren hoch, die Kleider klebten am Körper. Ich erkundete verschiedene Bereiche des Lagers, darunter das Feldlazarett und die Werkstätten. Überall standen Fahrzeuge und Ausrüstungen verschiedener NATO-Verbündeter, die von den Soldaten für ihre militärischen Operationen genutzt wurden.

Mir kam es so vor, als läge eine permanente Anspannung in der Luft des Lagers. Denn trotz der verblüffenden Ruhe war die Gefahr von Raketenangriffen allgegenwärtig. Daher herrschte ein Zustand ständiger Wachsamkeit; es war wie ein Leben am Rande eines Abgrunds.

Während meines Einsatzes mit der Internationalen Schutztruppe in Afghanistan wurde ich selbst mit den Gefahren und Belastungen konfrontiert, denen unsere Soldaten unter extremen klimatischen Bedingungen ausgesetzt waren. Das gemeinsame Erlebnis eines Auslandseinsatzes gewährte mir tiefe Einblicke in das Soldatenleben. Es war eine Lektion in Menschlichkeit, in Mut und Tapferkeit, aber auch in die Verletzlichkeit jedes Einzelnen.

Als das Wetter sich besserte und unser Flug nach Fayzabad möglich wurde, war ich erleichtert. Während des gut einstündigen Fluges bewunderte ich die majestätischen Ausläufer des Hindukusch. Die aus der Vogelperspektive viel besser sichtbare Schönheit der Natur faszinierte mich zutiefst. Dieser Anblick ließ meine Seele wachsen und flößte mir zugleich Demut ein.

Stets war mir bewusst, dass ich mich im Krieg befand und als deutscher Soldat in Uniform ein potentielles Ziel für radikale Taliban darstellte. Trotz dieser permanenten Bedrohung war ich fest davon überzeugt, mit meinem Dienst in der Bundeswehr eine richtige Entscheidung getroffen zu haben. Ich wollte einen persönlichen Beitrag für die Freiheit und Sicherheit der Menschen in Afghanistan leisten sowie für die demokratischen Werte der freien westlichen Welt kämpfen – auch wenn ich dafür mein eigenes Leben riskieren musste.

Hoch über den Bergen wurde mir klar, dass jeder Bürger und jede Bürgerin den Kampf der Soldaten und Soldatinnen gegen die brutalen Taliban unterstützen sollten. Ich selbst spürte, dass ich Teil von etwas Größerem war – eines globalen Kampfes um Freiheit, Gerechtigkeit und Menschlichkeit.

Diese Tage und Nächte haben mich tief geprägt. Die Tage waren voller Entdeckungen, die Nächte reich an Gedanken. Tagsüber, während der intensiven und gefährlichen Arbeit, erkannte ich die wahre Bedeutung von Pflicht und Opferbereitschaft, und nachts, unter dem afghanischen Sternenhimmel, fühlte ich die Verbundenheit der Menschen jenseits aller Grenzen. Es war eine unvergessliche Zeit, die mich lehrte, was es wirklich heißt, ein Soldat und Diener des Friedens in einer konfliktreichen Welt zu sein.

Als das Flugzeug landete, befand ich mich endlich an meinem Einsatzort. Fayzabad, die Hauptstadt der Provinz Badakhshan im entlegenen Nordosten Afghanistans, öffnete uns ihre Tore und offenbarte ihre atemberaubende Schönheit. Majestätische, endlose Berge erstreckten sich in alle Richtungen; deren Gipfel durchstießen wie stolze Wächter den Himmel.

Am Flugfeld wurden ich und die weiteren Passagiere von Kameraden in gepanzerten Geländewagen empfangen. Ihre schwere Ausrüstung und die kraftvollen Motoren ihrer Fahrzeuge standen für die Gefahren unsere Mission; zugleich symbolisierten sie unsere Stärke und unsere Bereitschaft, Gegner wenn nötig auch mit Gewalt zu bekämpfen.

Kurz nach meiner Ankunft im PRT Fayzabad traf ich meinen Vorgänger, einen Mann, dessen Augen sowohl die Spuren der anstrengenden Mission als auch eine unverbrüchliche Entschlossenheit zeigten. Sein Händedruck war fest, sein Lächeln warm, doch seine Augen verrieten Dinge, die jenseits aller Beschreibungen liegen. Ich spürte die Schwere der Aufgabe, die mich erwartete.

Als ich meine Stube bezog, wurde mir klar, dass ich dort nicht allein übernachten würde. Mein Stubenkamerad war der Sprachmittler unseres Kommandeurs, Oberst Utsch.

Schon bald konnte ich die Dienstgeschäfte von meinem Vorgänger übernehmen. Er war mir zu einem wertvollen Ratgeber und verlässlichen Freund geworden. Ich begleitete ihn noch am Tage seines Abfluges zum Flughafen. Für ihn sollte es nun über Mazar e-Sharif und Termez zurück nach Deutschland gehen. Die Abschiedsworte lagen mir schwer auf der Zunge, und mein Herz fühlte sich an wie ein Stein, als ich mich von ihm trennte. Ein Hauch von Einsamkeit umfing mich. Nun war ich allein am Steuer meines Schiffes, auf einem Meer, dessen Gewässer ich schon lange nicht mehr befahren hatte.

Bei meinem ersten Auftrag ging es um eine landeskundliche Informationsveranstaltung über Afghanistan. Mein Vorgesetzter trug über dieses Thema vor.

Währenddessen sollte ich alles notieren, was mir verbesserungswürdig erschien.

Während ich den Ausführungen meines Vorgesetzten lauschte, erkannte ich schnell die darin enthaltenen Unstimmigkeiten. Verbesserungspotenzial lugte aus allen Ecken hervor. Mit zitternder Hand und hochkonzentriert notierte ich jede Aussage, die ich überarbeiten würde. Die Zeit verlor ihre Bedeutung, alles verschmolz zu einem Wirbel aus Gedanken und Gefühlen. Ich war fest entschlossen, meine zahlreichen Verbesserungsvorschläge mit dem Vorgesetzten offen und ehrlich zu erörtern.

Nachdem der Vortrag zu Ende war, begaben sich mein Vorgesetzter und ich in unser Büro. Dieser Mann, ein Oberstleutnant der Bundeswehr und promovierter Historiker, angesehen und versiert, saß mir mit fragendem Blick gegenüber. Mit fester, doch einfühlsamer Stimme forderte er mich auf, ihm meine Verbesserungsvorschläge zu benennen. Mein Herz hämmerte in der Brust, als ich begann, meine aufgeschriebenen Anmerkungen vorzutragen. Jedes Wort, das ich aussprach, war erfüllt von der Hoffnung, dass mein Vorgesetzter meine Bedenken ernst nehmen und seinen Vortragstext verbessern würde. Für mich war das eine Frage der Ehre, des Vertrauens und der Wahrheit.

Nach dem Ende meiner Ausführungen hing ein Moment der Stille in der Luft. Während ich auf die Reaktion meines Vorgesetzten wartete, spürte ich den Puls in meinen Schläfen. Alles, was wir gewesen waren und sein würden, lag in den Händen dieses Moments, der einen Anfang oder ein Ende bedeutete.

Die Stille war kaum auszuhalten. Mein Vorgesetzter studierte aufmerksam meine Notizen, und als er aufblickte und mich direkt ansah, waren seine Augen ein tiefes Meer aus Konzentration und Gedanken. Dann durchbrach seine Stimme die Stille. Jedes seiner Worte legte einen Stein zur Brücke unserer Zusammenarbeit. Schließlich versprach er, meine Verbesserungsvorschläge in seine Präsentation einzuarbeiten. Erleichterung durchströmte mich, als ich seine Worte hörte. Ich wusste nun, wir würden gut zusammenarbeiten.

Fortan führte ich meine Aufgaben mit einer Professionalität aus, die mein Vorgesetzter zunächst mit Verwunderung und dann mit Respekt zur Kenntnis nahm. Mein tiefes und fest verwurzeltes Verständnis der Geschichte und Kultur Afghanistans fand seine Anerkennung, die wie ein heller Stern in einer dunklen Nacht leuchtete. „Endlich", sagte er, wobei seine Worte aus einem Reservoir tief empfundener Emotionen zu kommen schienen, „endlich habe ich jemanden an meiner Seite, nach dem ich mich immer gesehnt habe." Sein fester Händedruck, der meine Hand umschloss, war wie ein Siegel, ein Versprechen für die Zukunft.

Als „Interkultureller Einsatzberater" nahm mein Vorgesetzter eine Schlüsselrolle ein. Über ihn floss mein Wissen in die Entscheidungen des Kommandeurs ein. Das wurde mir schnell klar.

Ab diesem Zeitpunkt spürte ich ständig die Last der hohen Erwartungen an die Qualität meiner Arbeit. Ich wollte meiner Rolle unbedingt gerecht werden. Täglich stellte ich mich den Herausforderungen und kämpfte mit jeder Faser meines Seins um meinen Platz in diesem anspruchsvollen Umfeld.

Die Aufgaben, die vor mir lagen, waren eine stetige Flut von Prüfungen, die meine Fähigkeiten und meinen Mut auf die Probe stellten. Doch ich gab nicht auf. Jeder Fehltritt ließ mich wachsen, jede Herausforderung machte mich stärker, und allmählich fand ich meinen eigenen Rhythmus.

Tag für Tag, mit jeder selbstständig getroffenen Entscheidung, nahm mein Selbstvertrauen zu. Schließlich wurde ich zu einem unerschütterlichen, verlässlichen Teammitglied.

Allerdings erlebte ich dort nicht nur Augenblicke der Freude und des Stolzes. Manchmal kroch die grausame Realität des Krieges in meine Gedanken. Angst war mein ständiger Begleiter. Zweifel über den Erfolg unserer Mission zogen wie dunkle Wolken über den Himmel meiner Zuversicht. Dennoch ließ ich mich nicht entmutigen; ich kämpfte mich unermüdlich durch Höhen und Tiefen, immer im Bewusstsein, dass ich zwar auf mich selbst gestellt, aber nie wirklich allein war. Die Unterstützung meiner Kameraden war meine Festung, darauf konnte ich jederzeit vertrauen.

Mit jeder bezwungenen Herausforderung schmiedete ich weitere Teile meiner Rüstung und bewies mir selbst, dass ich den Anforderungen gewachsen war. Ich lernte, meine Fähigkeiten wie Waffen einzusetzen, meine Grenzen zu überschreiten und unbeirrt voranzugehen.

Mit Stolz blickte ich auf das zurück, was ich in kurzer Zeit erreicht hatte, und fühlte eine tiefe Dankbarkeit für das Vertrauen und die Unterstützung, die mir entgegengebracht worden waren. Diese Mission erteilte mir eine Lebenslektion: Ich war stärker, als ich es jemals für möglich gehalten hätte.

Obwohl ich offiziell als Sprachmittler für das Interkulturelle Einsatzberatungsteam des PRT-Kommandeurs tätig war, entwickelte sich meine Rolle bald zu etwas weitaus Größerem und Bedeutenderem. Mein Horizont dehnte sich aus und umfasste schließlich neben der interkulturellen Beratung auch das Dolmetschen für das gesamte PRT. So wurde ich zu einem gefragten Vermittler zwischen den Kulturen.

Ich war erst zwei Wochen in Fayzabad, als ich zu einem Einsatz außerhalb des vertrauten Feldlagers befohlen wurde. Drei Personen – ein Fahrer und mein Chef, der stolz, doch bedächtig neben mir saß – waren unterwegs in einem gepanzerten Geländewagen, der einem modernen Schlachtross glich. Wir waren aufgebrochen, um uns mit den würdigen Mitgliedern des Friedensrates der Provinz Badakhshan zu treffen, eine Aufgabe, deren Wichtigkeit und geradezu mystische Bedeutung uns klar war.

Während der Sitzung des Friedensrates schien die Zeit stillzustehen. Ich fühlte mich unbehaglich. Wir hatten unsere Gewehre und Pistolen am Mann und trugen schwere Schutzwesten, während unsere afghanischen Gesprächspartner unbewaffnet und ungeschützt neben uns saßen.

Während das Gesicht meines Chefs Ruhe ausstrahlte, tobte in meinen Gedanken ein Sturm. Unsere Schutzwesten kamen mir wie eine Mauer vor, die zwischen uns und unseren afghanischen Partnern stand. Säten wir wegen unserer Ausrüstung nicht das

Misstrauen in die Herzen jener, die wir für den Frieden in Afghanistan gewinnen wollten?

Wieder zurück im Feldlager angekommen, vermischte sich die Erleichterung, den ersten Außeneinsatz unversehrt überstanden zu haben, mit meinen Bedenken. Mein Herz schlug noch immer im Rhythmus der holprigen Straßen von Fayzabad, als ich meinem Chef meine Gedanken über unser Auftreten mitteilte. Doch meine Worte schienen spurlos an einer unsichtbaren Schranke abzuprallen; er schien gefangen zu sein in einem Netz aus Befehlen und Vorschriften. Die Saat war jedoch gesät, und später, als Sprachmittler im Regionalkommando Nord in Mazar e-Sharif, gelang es mir, die militärische Führung von meiner Sichtweise zu überzeugen. Die Vorschriften und damit auch die Befehlslage wurden geändert.

Bis zum März des folgenden Jahres nahm ich immer wieder an militärischen Operationen teil, die mich weit über die Stadt Fayzabad hinausführten, an Orte, an denen das Risiko allgegenwärtig und der Tod stets ein leiser Begleiter war.

Mitte 2012 wehte ein Wind des Aufbruchs durch das Lager in Fayzabad. Die Verantwortung für die Sicherheit in der gesamten Provinz sollte an die afghanischen Polizeien und Streitkräfte übergeben werden. Wir wurden Zeugen eines historischen Moments, als die deutschen Soldaten des PRT und die Vertreter des Auswärtigen Amtes sich darauf vorbereiteten, den Standort Fayzabad endgültig zu verlassen. In mir kamen melancholische Gefühle auf, weil ich wusste, dass schon einmal, Ende der 1980er Jahre, Streitkräfte das Land verlassen und es sich selbst überlassen hatten. Der Rückzug der sowjetischen Truppen führte zu einem Chaos, aus dem die islamistische Taliban-Regierung hervorging.

Öfters konnte ich die handwerklich gute Ausbildung der afghanischen Sicherheitskräfte im Norden Afghanistans beobachten. Ich war zuversichtlich, dass diese ihre Aufgaben erfüllen und die Bevölkerung schützen könnten. Dennoch verspürte ich einen Hauch von Unsicherheit, ob die Transition wirklich funktionieren würde.

Die Übergabe der Sicherheitsverantwortung wurde in einer erhabenen und würdevollen Veranstaltung zelebriert. Dabei bot sich mir die Gelegenheit, dem späteren afghanischen Präsidenten Ashraf Ghani in die Augen zu sehen. Er war damals innerhalb der afghanischen Regierung verantwortlich für die Transition der Sicherheitsverantwortung an die afghanischen Streitkräfte und Polizeien. Ghani war ein Mann, dessen Augen hohe Intelligenz ausstrahlten, hinter deren Glanz jedoch eine ausgeprägte nationalistische Einstellung verborgen war. Unsere Blicke kreuzten sich, und ein Gefühl des Unheils schlich sich in mein Herz. Ghanis Politik als Präsident trug später dazu bei, dass der Schatten des Nationalismus sich erneut über Afghanistan legte und den Taliban den Weg an die Macht ebnete.

Nach Schließung des PRT Fayzabad setzte ich meinen Einsatz im Regionalkommando Nord in Mazar e-Sharif fort.

Das dortige Camp Marmal, das zuvor nur ein Zwischenstopp auf meinen Flügen war, wurde nun zu meinem neuen Stationierungsort. Es empfing mich mit offenen Armen, und der Duft des Unbekannten vermischte sich mit einer süßen, neugierigen Vorfreude auf die kommenden Erfahrungen.

Die Stube, die mir in einem gegen Beschuss geschützten Container zugewiesen wurde, bot mir einen Ort der Ruhe. Hier würde ich meine persönlichen und dienstlichen Dinge aufbewahren, mich auf die bevorstehenden Aufgaben vorbereiten. Allerdings teilte ich, wie in Fayzabad, meine Unterkunft mit einem Kameraden.

Eine meiner ersten Aufgaben war es, die Namen und Telefonnummern unserer afghanischen Ansprechpartner zu ordnen. Die Daten waren unübersichtlich auf einem Dienst-Handy gespeichert. Es war fast wie ein Puzzle, das darauf wartete, richtig zusammengesetzt zu werden.

Ich musste also Ordnung in das Chaos bringen und schlug vor, eine Excel-Tabelle unserer Ansprechpartner zu erstellen. Mein Vorgesetzter stimmte sofort zu und fragte beiläufig, warum diese Idee in den fast zehn Jahren zuvor nicht aufgekommen sei.

Voller brennender Leidenschaft und mit eisernem Willlen machte ich mich an die Arbeit. Ich tauchte in das Labyrinth der Namen, Ränge, Adressen und Telefonnummern ein und verlor mich in der detaillierten Excel-Tabelle. Als ich fertig war, betrachtete ich mit einer Portion Stolz die übersichtliche Arbeitsvorlage. Ich wusste, dass sie meinen Nachfolgern helfen würde.

Kurz darauf erfolgte mein erster Einsatz außerhalb des Camps Marmal. Er führte mich zur Blauen Moschee, einem historischen Ort atemberaubender Schönheit.

Die Blaue Moschee ist ein bedeutendes Wahrzeichen von Masar e-Sharif, der Hauptstadt der nordafghanischen Provinz Balkh. Sie ist auch als „Rauza-e-Sharif" oder „Ali-Mausoleum" bekannt. Majestätisch wie ein Monument aus einer kulturellen Blütezeit ragen ihre Kuppeln und Minarette in den Himmel, während jedes Detail ihrer Architektur Geschichten aus längst vergangenen Zeiten erzählt.

Die Blaue Moschee gilt als eine der schönsten Moscheen der Welt und ist ein zentraler Ort der Verehrung und Wallfahrt in Afghanistan. Sie wurde im 15. Jahrhundert erbaut und ist bekannt für ihre beeindruckenden blauen Kacheln, die bei Sonnenschein wie kostbare Juwelen funkeln.

Die Blaue Moschee in Masar e-Sharif

Der Legende nach ist die Moschee die Begräbnisstätte von Ali ibn Abi Talib, dem Schwiegersohn des Propheten Mohammed und einer der wichtigsten Persönlichkeiten des Islam. Ob dies so stimmt, ist unter Historikern umstritten; die Moschee könnte auch die Grabstätte des altpersischen Propheten Zarathustra sein.

Während unserer Gespräche mit den religiösen Führern konnte ich mich der Pracht dieses Ortes kaum entziehen. Hier, in diesem Heiligtum, verschmolzen das Alte und das Neue, das Alltägliche und das Außergewöhnliche.

Ein weiterer Auftrag führte uns nach Samangan, wo wir auf den Gouverneur und den Polizeichef dieser Provinz trafen. Der Gouverneur, ein Mann von beeindruckender Statur mit positiver Ausstrahlung, empfing uns mit einer Würde, die sowohl Respekt einflößte als auch Vertrauen schenkte. Seine Augen, klug und durchdringend, schienen das Wesentliche der Dinge schnell zu erfassen, und seine Worte waren gewählt und präzise. Er sprach von den Herausforderungen und Hoffnungen seiner Provinz, von den Plänen und Visionen, die er für seine Menschen hatte.

In seinen Worten spürten wir die tiefe Verpflichtung, die er gegenüber seinem Land empfand. Das unauslöschliche Verlangen, einen Unterschied zu machen, trieb ihn an. Mir kam es so vor, als ob er in uns einen Verbündeten erkannt hatte, jemanden, der bereit war, Hand in Hand mit ihm die Zukunft zu gestalten. Später erfuhr ich, dass er Mitglied des linken Flügels der Demokratischen Volkspartei Afghanistans gewesen war. Diese Partei regierte von 1978 bis 1992.

Leider waren gebildete Menschen wir er selten in politischen Schlüsselpositionen.

Unser Treffen mit dem Polizeichef verlief ähnlich eindrucksvoll. Auch er offenbarte uns seine Ideen für die Zukunft. Er sprach von Sicherheit, Rechtsstaatlichkeit und einer Gesellschaft, die auf den Grundprinzipien der Menschlichkeit basierte.

Wir waren uns bewusst, dass der Weg zu einer freiheitlichen und demokratischen Ordnung noch weit und voller Hindernisse war, doch ebenso klar erschien uns, dass es Menschen gab, die bereit waren, diesen Weg zu beschreiten. Menschen, die trotz aller Widrigkeiten an eine bessere Zukunft glaubten.

Nachdem wir uns verabschiedet hatten, schlenderten wir durch den angrenzenden Park beim Amtssitz des Provinzgouverneurs, um mit den Einheimischen ins Gespräch zu kommen. Der malerische Park, ein Paradies inmitten der rauen Wüste, eröffnete uns eine völlig neue Welt, weit entfernt von den kriegerischen Realitäten, die wir bisher erlebt hatten. Bäume standen in ordentlichen Reihen, Blumen erblühten in einer prächtigen Farbenfülle, die stark mit dem ansonsten kargen Land kontrastierte. Kinder spielten unbeschwert, während die Älteren in tiefen Gesprächen versunken waren, vielleicht über die Weisheiten des Lebens philosophierend. Dieser Park schien ein heiliger Ort zu sein, an dem die Seele zur Ruhe kommen konnte und die Wunden des Lebens für einen Moment vergessen waren. Er war eine Oase der Menschlichkeit in einem von Konflikten gezeichneten Land.

Als wir uns durch die friedlichen Pfade des Parks bewegten, spürten wir eine Verbindung zu den

Menschen, die sich dort eingefunden hatten. Ihre Augen, in denen sich oft Trauer und Verzweiflung spiegelten, strahlten auch einen Funken Hoffnung und Stärke aus. Trotz aller Widrigkeiten schienen sie an die Möglichkeit eines besseren Lebens zu glauben. Sie zeigten uns ein anderes Afghanistan, eins, das jenseits der täglichen Nachrichtenberichte über Gewalt und Armut existierte. Wir erlebten ihre tiefe Gastfreundschaft; offen erzählten sie uns ihre Geschichten von Leid und Krieg, aber auch von Liebe, Hoffnung und ihrem unerschütterlichen Glauben an eine bessere Zukunft.

Während die Sonne ihr goldenes Licht über das Land ergoss und der Himmel in ein farbenfrohes Schauspiel überging, machten wir uns auf den Weg zurück zu unseren Fahrzeugen. Ein längerer Aufenthalt an einem Ort war zu gefährlich. So verließen wir diese Provinz mit einem Gefühl der Hoffnung und zugleich einer Verpflichtung. Die Menschen, die wir getroffen, die Geschichten, die wir gehört, und die Visionen, die wir geteilt hatten, all das hatte sich in unseren Herzen eingebrannt.

Die verheerenden Explosionen, die immer wieder die Stille in diesem Land durchbrachen, gehörten zum Alltag in Afghanistan. Anschläge hätten auch uns treffen können, da wir zur Erfüllung unserer Aufgaben meist außerhalb geschützter Feldlager operierten. Die meisten Toten und Verletzten im 20-jährigen Krieg in Nordafghanistan, sowohl auf Seiten der internationalen Truppen als auch der afghanischen Sicherheitskräfte und der Zivilbevölkerung, gingen auf das Konto von Selbstmordattentätern der

Taliban. Der Gedanke an ein solches Schicksal ließ mein Herz erstarren.

Während meine Finger über die Tasten gleiten und diesen Text formen, um die Erinnerungen an jene schweren Tage einzufangen, brechen die Dämme in meiner Seele. Eine Flut von Gefühlen ergießt sich, die mich bis ins Mark erschüttert. Mein Herz schlägt schneller, als versuchte es, den Schmerz der Vergangenheit mit aller Kraft aus sich herauszupumpen. Meine Atmung wird zittrig, meine Lunge schmerzt. Die Last dieser Erinnerungen scheint mich zu ersticken.

In diesen Zeilen, die ich hier zu Papier bringe, hallt das Echo vergangener Schmerzen wider. Jede Emotion, die ich in Worte kleide, reißt alte Wunden auf. Die Schatten vergangener Ereignisse hängen schwer über mir und führen mich zurück in jene düsteren Zeiten, als die Welt um mich herum zu zerfallen schien. Sie sind eine Tortur für meine Seele und verwandeln mich wieder in den verletzlichen Menschen von einst. Dennoch finde ich in den Tiefen meines Herzens noch den Mut, sie in Worte zu fassen. Meine hier verfassten Zeilen sind ein Schrei nach Verständnis für meine gesundheitlichen Probleme und nach Anerkennung meiner Leistungen; sie zeugen aber auch von der Hoffnung, mich eines Tages von dieser schweren Bürde befreien zu können. Ich wünsche mir zudem, dass mein Buch auch denen Trost spendet und Wertschätzung entgegenbringt, die ähnliche Kämpfe durchstehen müssen. Tief in mir verspüre ich das Verlangen, Brücken zu bauen, damit wir alle miteinander in Verbindung bleiben.

Liebe Leserinnen und Leser, liebe Kameradinnen und Kameraden, nach diesem schmerzvollen Geständnis lade ich Euch ein, gemeinsam mit mir aus der Dunkelheit ins Licht zu treten. Ich bitte Euch, meine ausgestreckte Hand zu ergreifen. Vielleicht finden wir in unseren gemeinsamen Erinnerungen und der geteilten Last unseres Schmerzes den Weg zurück zu uns selbst und zu einem Leben, das trotz der Schatten der Vergangenheit lebenswert ist.

Unser Dasein im Einsatz, geprägt von den unerbittlichen Realitäten des Krieges, entwickelte sich zu einem gefährlichen Katz-und-Maus-Spiel. Vor jedem Auftrag außerhalb des Feldlagers studierten wir die sachlich und knapp formulierten Lageberichte, um für Angriffe und Anschläge gewappnet zu sein. Oft enthielten sie unheilvolle Hinweise darauf, dass Selbstmordattentäter unterwegs seien und woran sie zu erkennen wären. Am häufigsten wurden darin weiße, mit Sprengstoff präparierte Pkw des Fabrikats Toyota Corolla genannt.

Diese Hinweise waren nicht wirklich hilfreich, da jedes dritte Fahrzeug, dem wir auf den staubigen Straßen begegneten, ein weißer Corolla war. In einem grausamen Spiel aus Paranoia und Ungewissheit verschwammen die Grenzen zwischen Freund und Feind. Die Angst, dass ein Selbstmordattentäter jederzeit uns zu Opfern seiner verderblichen Absichten machen könnte, war unser ständiger Begleiter.

Wenn wir abends nach Masar e-Sharif zurückkehrten, als die Sterne am Himmel ihren Tanz aufführten, dachten wir über die Geschehnisse des Tages nach. Wir wussten, dass wir Teil eines größeren Ganzen waren. Teil von etwas, das den Krieg, die Politik und die Grenzen von Nationen und Religionen übersteigt.

Ich nahm noch an weiteren Unternehmungen teil. Sie führten uns durch die mythischen Landschaften Afghanistans nach Faryab, Jowzjan und Sar-e Pol. Dabei erlebten wir, wie herausfordernd die Natur sein kann: Sandstürme verdunkelten unsere Sicht, und unwegsame Pfade drohten, uns in den Abgrund zu ziehen. Wir navigierten durch Gebirge und Wüstenlandschaften mit unzugänglichen Schluchten und endlosen Sandflächen; gerade hier waren sowohl afghanische als auch internationale Soldaten wiederholt tödlichen Hinterhalten zum Opfer gefallen.

Der Grund für eine der Reisen war ein Vorfall, der unsere Beziehungen zu lokalen Polizeichefs stark belastet hatte. Diese waren einer Einladung unserer militärischen Führung nach Mazar e-Sharif ins Regionalkommando Nord gefolgt, wo unglücklicherweise von ihnen verlangt wurde, ihre Fahrzeuge zu verlassen und sich einer Leibesvisitation zu unterziehen. Ohne zu zögern kehrten sie um.

Unsere Reise zu ihnen war also mehr als nur ein Höflichkeitsbesuch; sie diente der Wiedergutmachung. Wir wussten, dass einmal verlorenes Vertrauen nur schwer wiederzugewinnen ist. Als Angehörige der Internationalen Schutztruppe erlaubten uns unsere afghanischen Partner, ihre Kasernen und Gebäude ohne Sicherheitschecks zu betreten. Diese Geste des Vertrauens hätte auf Gegenseitigkeit beruhen müssen.

In den vielen Gesprächen mit den Polizeichefs bedauerten wir das Missverständnis und bekundeten unsere aufrichtigen Absichten zu partnerschaftlicher

Zusammenarbeit. Die Durchsuchungen seien nicht Ausdruck von Misstrauen gewesen, sondern ein unglückliches Überbleibsel übervorsichtiger Protokolle. Wir hörten unseren Gesprächspartnern zu, lernten von ihnen und taten unser Bestes, um eingebrochene Brücken wieder aufzubauen.

Diese Gespräche waren eine tiefgreifende Lektion in Demut. Jede Begegnung lehrte uns die Bedeutung von Empathie. Hier lernten wir, worauf es im Leben wirklich ankam.

Ein Treffen mit General Abdul Rashid Dostum hätte einen Wendepunkt für den Einsatz der Bundeswehr im Norden Afghanistans darstellen können. General Dostum stand damals im Zentrum des Kampfes gegen die Taliban. Seine Vergangenheit als Kriegsherr, seine vielfältigen Rollen in verschiedenen Regierungen und sein tiefgreifender Einfluss in militärischen Konflikten machten ihn zu einem bedeutsamen, wenn auch polarisierenden Akteur.

Eine gründliche Vorbereitung auf das Treffen mit Dostum war unerlässlich. Wir benötigten eine detaillierte Kenntnis seiner politischen und militärischen Laufbahn sowie ein tiefes Verständnis der aktuellen geopolitischen Dynamiken in der Region. Insbesondere mussten wir seine Fähigkeit, Allianzen zu schmieden und aufzulösen, seine historischen Bündnisse mit der Sowjetunion während des Kalten Krieges und sein Engagement im Kampf gegen die Taliban in den Gesprächen berücksichtigen.

Bei unserer Ankunft in seinem Hauptquartier empfing uns General Dostum mit der Würde eines Mannes, der im Ruf steht, ein Krieger und brillanter Stratege zu sein. Wir waren angespannt, als das entscheidende Treffen bevorstand. Uns war bewusst, dass die Gespräche richtungsweisend für die Zukunft der gesamten Region sein würden. Als wir schließlich General Dostum gegenüberstanden, der unerschütterliche Stärke ausstrahlte, lastete das immense Gewicht der Verantwortung schwer auf unseren Schultern.

Zu Beginn unseres Treffens erklärten wir ihm Sinn und Zweck unserer Mission. Der General hörte aufmerksam zu, seine durchdringenden Blicke schienen bis in unsere Seelen zu reichen.

Die Gespräche waren intensiv, geprägt von einem Ringen um Einfluss und Einvernehmen. Schließlich war es die Aufrichtigkeit unserer Absichten und auch die Wiedererkennung meiner Familie aufgrund meines Nachnamens, was General Dostum bewegte. Er erkundigte sich nach dem Gesundheitszustand meiner ihm bekannten Eltern und ließ Grüße ausrichten. Als wir das Hauptquartier verließen, waren wir uns sicher, dass General Dostum die Aktivitäten der Internationalen Schutztruppe im Norden unterstützen würde.

Wir besuchten General Dostum ein weiteres Mal. Diesmal wurden wir als Ehrengäste empfangen. Wir durften bei einem Zusammentreffen einflussreicher Persönlichkeiten, die sich zur Nationalen Front Afghanistans zusammengeschlossen hatten, dabei sein. Die dort versammelten Usbeken, Tadschiken und Hazaras beabsichtigten, gemeinsam bei den nächsten Präsidentschaftswahlen anzutreten.

Unter den Teilnehmern befand sich zudem Mohammad Mohaqeq, ein respektierter Führer der Hazara. Seine Worte hatten großes Gewicht, selbst in den paschtunischen Gemeinden. Seine Rolle in der afghanischen Politik war vielfältig, seine Positionen variierten, aber seine Leidenschaft für die Rechte der Hazara überstrahlte alles.

Ebenso war Ahmad Zia Massud zugegen, blutsverwandt und geistig verbunden mit dem legendären, von den Taliban und AlQaida getöteten Widerstandskämpfer Ahmad Shah Massud. Seine Biographie gleicht einem heldenhaften Epos, ein ewiger Kampf gegen Unterdrückung und Tyrannei.

Dass General Dostum uns zu dieser Veranstaltung eingeladen hatte, war mehr als eine höfliche Geste; damit signalisierte er seine Bereitschaft zur engen Zusammenarbeit. Er hatte eine Vision für ein sicheres Afghanistan. Allerdings begegnete ihm die deutsche Außenpolitik mit großer Skepsis. Bei den Präsidentschaftswahlen 2014 errang General Dostum einen triumphalen Sieg, woraufhin er zum ersten Vizepräsidenten Afghanistans ernannt wurde.

In den Tagen und Nächten danach dachte ich oft an die Gespräche, die wir geführt, an die Hände, die wir geschüttelt, an die Worte, die wir gewechselt hatten. Darin ging es um mehr als nur Politik oder Diplomatie; es waren tiefe menschliche Momente, die Einblicke in die Seele von nach Frieden dürstenden Menschen gewährten. Sie waren bereit, dafür jedes Opfer zu bringen.

Von Kindheit an war ich Zeuge der komplexen politischen und kulturellen Verhältnisse meines früheren Heimatlandes. Diese frühen Erfahrungen gaben mir einen tiefen Einblick in die verschlungenen Pfade der Macht und die vielschichtigen ethnischen Dynamiken, die Afghanistan prägten. Als Sprachmittler und Soldat der Bundeswehr konnte ich diese Machtstrukturen und Allianzen aus nächster Nähe beobachten. Wie ein Mosaik setzte sich vor meinen Augen ein Bild zusammen, in dem Persönlichkeiten wie General Abdul Rashid Dostum eine Schlüsselrolle spielten.

In einem Gespräch erzählte General Dostum mir, dass er in den frühen 2000er Jahren, nach dem Sturz der Taliban, seine Truppen demobilisiert hatte. Es war ein Schritt, der die Zentralregierung in Kabul stärken sollte – eine noble Geste, die jedoch unbeabsichtigt den Norden Afghanistans verwundbar machte gegenüber der wachsenden Bedrohung durch seine Gegner, vor allem die Taliban.

Diese Aussage hat sich fest in mein Gedächtnis eingebrannt. Immer wieder kommen Fragen hoch: Wäre Afghanistans Geschichte anders verlaufen, wenn die deutsche politische und militärische Führung in Masar e-Sharif Dostums ausgestreckte Hand ergriffen und ihm die nötige Unterstützung gewährt hätte? In meinen kühnsten Träumen sehe ich einen Norden Afghanistans, der heute nicht unter der Herrschaft der Taliban leidet. Ich sehe zehntausende Leben, die hätten gerettet werden können, und Frauen, die zumindest im Norden ihre Rechte nicht hätten aufgeben müssen.

Dostums Unterstützungsangebot gegen die Taliban-Bedrohung hätte der Grundstein für eine stabilere Sicherheitslage im Norden sein können. Diese Vorstellung lässt mich bis heute nicht mehr los.

Natürlich sind diese Gedanken reine Spekulation. Doch der Umgang mit General Dostum unterstreicht, wie wichtig es ist, die lokalen Machtstrukturen zu verstehen und die möglichen Folgen strategischer Entscheidungen in Konfliktgebieten zu bedenken. Die Demilitarisierung von Dostums Truppen, so gut gemeint sie auch war, schuf ein Machtvakuum, das die Taliban später für sich nutzen konnten. Es ist eine schmerzhafte Lektion darüber, wie entscheidend es ist, lokale Verbündete nicht nur zu unterstützen, sondern auch ihre spezifischen Bedürfnisse und Herausforderungen zu verstehen.

Ein weiteres Beispiel für diese komplexe Dynamik ist der Fall von Qaisari, einem von Dostums Kommandeuren. Jahrelang gelang es ihm, den Taliban in Faryab das Leben schwer zu machen. Doch dann stellte ihm die Ghani-Regierung eine Falle und verhaftete ihn – ein Schachzug, der die fragilen Machtstrukturen weiter destabilisierte.

Diese Beispiele zeigen, wie eng persönliche Schicksale mit den großen politischen Entwicklungen verwoben sind und wie wichtig es ist, die Stimmen derer zu hören, die sich mit Afghanistan, seiner Geschichte, seiner Kultur und den politischen Verhältnissen auch aus eigener Erfahrung auskennen.

Einige Wochen später erhielten wir den Auftrag, nach Fayzabad aufzubrechen. Erst dort sollten wir Einzelheiten über unsere Aufgaben erfahren.

Die neunstündige Fahrt dorthin war beschwerlich. Der Zwischenstopp im PRT Pol-e-Khomri ermöglichte uns eine stärkende Mittagsmahlzeit. Das Essen in einem geschützten Feldlager hätte uns einen flüchtigen Moment der Normalität schenken können, wären dort nicht zwei durch Explosionen zerstörte Fahrzeuge ähnlich wie die, mit denen wir unterwegs waren, zu sehen gewesen. Trotz starker Panzerung hatten die Explosionen sie stark beschädigt; innendrin waren sogar noch Blutspuren der Insassen zu sehen.

Während der Fahrt schmerzte mein Rücken. Zunächst deuteten sich die Beschwerden nur leise an, doch mit jeder Stunde wurde der Schmerz intensiver, bis er sich schließlich zu einer unerbittlichen, allgegenwärtigen Pein steigerte.

Pausen, die vielleicht Linderung gebracht hätten, waren wegen der angespannten Sicherheitslage nicht möglich. Die Gedanken an Hinterhalte sowie die Bilder von den zerstörten Fahrzeugen im PRT Pol-e-Khomri geisterten durch meinen Kopf. Ich entschied mich, die Schmerzen zu ertragen und durchzuhalten, obwohl meine Schutzweste und meine Überweste mit vielen Ausrüstungsgegenständen auf meinen Schultern lasteten.

Als wir endlich Fayzabad erreichten, unter dem melancholischen Licht einer untergehenden Sonne, konnte ich es nicht mehr aushalten. Schnellstens begab ich mich in den Sanitätsbereich, wo ein Arzt meine Qualen mit medizinischer Fürsorge milderte.

Bald stellten wir fest, dass auch andere Einheiten nach Fayzabad verlegt worden waren. Es folgten Wochen unaufhörlicher Bewegung und ständiger Unsicherheit. Schließlich wurden wir nach Baharak verlegt.

Baharak, ein Ort ohne jegliche Annehmlichkeiten, wurde zu unserer vorübergehenden Heimat. Unsere Nächte verbrachten wir unter freiem Himmel, unser Leben war reduziert auf Trockenrationen und kaltes Wasser, unsere Seelen genährt von Entschlossenheit und Einsatzbereitschaft. Nun stellte auch die Natur eine Bedrohung dar, vor allem wegen der zahlreichen Skorpione.

In den rauen, mysteriösen Weiten von Baharak hatten wir eine Aufgabe, die weit über das gewöhnliche Maß hinausging. Unser Ziel war der Distrikt Jurm — eine Region, die täglich afghanische Soldaten verschlang. Ihr bloßer Name erzeugte Gänsehaut und Angst.

Alltägliche Gefährdungen

Unsere militärische Aufgabe bestand darin, nicht nur Präsenz und Stärke zu zeigen, sondern auch Friedensverhandlungen mit dem Kommandeur der örtlichen Taliban und seinen Glaubensbrüdern zu führen. Diese Verhandlungen hinterließen Spuren in uns, die nie ganz verblassen werden — Narben auf unseren Seelen, die von den Prüfungen zeugen, denen wir uns stellen mussten.

Die Einzelheiten dieser Mission, die verborgenen Gedanken und unausgesprochenen Versprechen, ruhen als stilles Vermächtnis tief in unseren Erinnerungen. Sie sind ein Geheimnis, das wir mit uns tragen, eine Last und zugleich ein Zeugnis unseres großen Engagements in diesem zerrissenen Land.

Die nächtlichen Treffen mit dem Taliban-Kommandeur fanden zunächst in einem Obstgarten statt; sie verlagerten sich auf Wunsch seines Bruders in ein abgelegenes Tal. Während der gesamten Zeit spürte ich die Präsenz meiner geladenen Pistole im Holster; ich war bereit zu kämpfen, wenn es sein musste.

Inmitten eines Gesprächs vernahm ich beunruhigende Geräusche aus dem nahegelegenen Gebirge. Mein erster Gedanke war, dass wir in einen Hinterhalt geraten waren, dass uns Männer des Taliban-Kommandeurs nach dem Leben trachteten.

Schnell zog ich meine Waffe und richtete sie auf den Taliban, der mir gegenübersaß. Die Dunkelheit verhüllte meine Handlung, und niemand konnte erkennen, dass ich eine Pistole in der Hand hielt. Mein Plan war: zuerst den Taliban gegenüber neutralisieren und danach mein eigenes Leben beenden. Eine Gefangenschaft kam für mich nicht in Frage. Meine deutschen Kameraden wären im Falle einer Gefangennahme wahrscheinlich freigekauft worden. Mir als gebürtigem Afghanen wäre diese Option sicherlich verwehrt geblieben.

Mehrmals spürte ich in dieser Situation den eisigen Atem des Todes, der mir ins Ohr flüsterte und seine unheilvolle Nähe in mein Gedächtnis brannte. Diese

Begegnungen mit der Angst erschütterten mein innerstes Wesen, und die Furcht, die mich damals ergriff, begleitet mich heute noch immer, weckt mich in Halbträumen und taucht meinen Körper in kalten Schweiß.

So sehr ich mir auch wünschte, diese Erinnerungen auszulöschen, sie bleiben tief in meinem Innersten verankert. Sie sind wie ein dunkler Schatten, der über meinen Gedanken schwebt. Todesangst ist ein ewiges Echo, das die Worte und Drohungen wieder wachruft und die Kälte, die damals meine Haut berührte, erneut spürbar macht.

Die Anspannung löste sich, als klar wurde, dass die bedrohlichen Geräusche von losen Steinen stammten, die den Berghang hinabrollten. Mit zitternden Händen steckte ich meine Pistole zurück ins Holster. Eine Welle der Erleichterung durchströmte mich.

Bei einer weiteren gefährlichen Situation in dieser Region sollten wir die Bergung eines verunglückten Transportpanzers vom Typ „Fuchs" unterstützen. Dieser war in einen tiefen Kanal gerutscht.

Unsere Soldaten, Seite an Seite mit afghanischen Kameraden, versuchten, den „Fuchs" zu bergen. Der Schweiß rann ihnen von der Stirn, die Muskeln zitterten vor Erschöpfung. Trotz mehrstündiger verzweifelter Bemühungen ließ sich das Fahrzeug nicht bewegen. Wir benötigten Hilfe. In diesem Moment übernahmen mein Chef und ich die Initiative. Wir machten uns auf die Suche nach einer afghanischen Firma, die über Bergemittel verfügt. Zunächst stießen wir auf Ablehnung, obwohl ich mein Bestes tat, um die unsichtbare Mauer des Misstrauens zu durchbrechen. Die Chefs der Firmen, die wir kontaktierten, fürchteten Vergeltung. Sie wollten sich nicht dem Vorwurf aussetzen, „Ungläubige" unterstützt zu haben. In ihren Augen spiegelte sich die Gefahr wider, die allein von unserer Anwesenheit ausging. Unsere Hoffnung schwand.

Schließlich fanden wir doch noch einen Bauunternehmer, der bereit war, uns zu helfen. In seinem zögerlichen Nicken spürte ich eine stumme Anerkennung unserer Mission. Es war ein Moment des Triumphs, klein und unscheinbar, doch von unschätzbarem Wert in unserer prekären Lage.

Bergung eines Transportpanzers vom Typ „Fuchs"
in Babarak

Ein paar Stunden später, als die Sonne bereits tief am Horizont stand, rollte der Bagger der Baufirma am Unfallort ein. Mit einem Gefühl der Erleichterung, das sich wie eine warme Welle über uns ergoss, sahen wir zu, wie unser „Fuchs", etwa 23,5 Tonnen schwer, aus seinem nassen Gefängnis befreit wurde. Der Moment des Triumphs war bitter und versöhnlich zugleich. Bitter, weil er uns an die Grenzen unserer eigenen Fähigkeiten erinnerte, versöhnlich, weil er zeigte, was möglich ist, wenn Menschen trotz ihrer Ängste und Vorbehalte zusammenkommen. Ich war fest überzeugt, dass meine partnerschaftliche Gesprächsführung mit dem Chef der Firma wesentlich dazu beigetragen hatte, dass er uns trotz des persönlichen Riskos, das ihm bewusst war, half.

Es war ein Augenblick, der die Komplexität unserer Mission in Afghanistan perfekt widerspiegelte – ein Sieg, errungen durch Ausdauer, Überzeugungskraft und die zerbrechliche Brücke des Vertrauens, die wir zu den Einheimischen geschlagen hatten. Als der „Fuchs" schließlich wieder auf festem Boden stand, tropfend und schlammverkrustet, aber intakt, spürte ich eine tiefe Dankbarkeit. Nicht nur für die erfolgreiche Bergung, sondern auch für die unerwartete Solidarität, die wir in dieser feindseligen Umgebung erfahren hatten. Es war ein leiser, aber bedeutsamer Sieg –über die widrigen Umstände und auch über die Barrieren des Misstrauens und der Angst.

Einige Tage nach unserer Rückkehr nach Mazar e-Sharif erreichte mich eine Nachricht vom Taliban-Kommandeur aus Jurm. Darin signalisierte er seine Bereitschaft, am Friedensprozess teilzunehmen. Ich übermittelte diese wichtige Information an meinen Vorgesetzten. Da meine Einsatzzeit jedoch zu Ende ging, konnte ich die weiteren Entwicklungen nicht mehr verfolgen. Viele Monate später erfuhr ich, dass der Talibanführer auf unserem Diensttelefon angerufen hatte und mit mir persönlich sprechen wollte. Als man ihm mitteilte, dass ich nach Deutschland zurückgekehrt sei, aber meine Nachfolger ihm ebenfalls helfen könnten, brach der Kontakt ab.

Zur Erklärung: Bevor wir von Fayzabad nach Baharak verlegten, hatte eine unserer Kontaktpersonen im Auftrag meines Vorgesetzten dafür gesorgt, dass der Talibanführer, dessen Name aus Geheimhaltungsgründen hier nicht genannt werden kann, bereit war, mit uns telefonisch Kontakt aufzunehmen. Seine Bedingung war jedoch, mit einem gebürtigen Afghanen zu sprechen. Deshalb wurde ich beauftragt, mit ihm zu reden. An mehreren Tagen diskutierte ich stundenlang mit ihm, bis ich endlich sein Vertrauen gewonnen hatte und er einem Treffen zustimmte.

Sofort nach meiner Rückkehr nach Deutschland konsultierte ich wegen meiner Rückenschmerzen die für mich zuständige Truppenärztin. Sie empfahl mir, einen Antrag auf Anerkennung einer Wehrdienstbeschädigung zu stellen. Ich folgte ihrem Rat, doch wurde mein Antrag mit der Begründung abgelehnt, meine Rückenverletzung hätte überall passieren können; dass die Schmerzen erstmalig während des Einsatzes aufgetreten waren, sei bloßer Zufall gewesen.

Diese Entscheidung traf mich schwer.

Wurden die Belastungen, denen ich ausgesetzt war, und die Tatsache, dass ein Bandscheibenvorfall in meinem jungen Alter von 27 Jahren ungewöhnlich ist, übersehen?

Spielte es keine Rolle, dass ich über einen langen Zeitraum eine gepanzerte Weste mit einer prall gefüllten Überweste tragen musste?

War den Bearbeitern meines Antrages nicht klar, dass man in einem Kriegsgebiet mit dem Fahrzeug nicht einfach anhalten und aussteigen kann, um seinen Rücken zu entlasten?

Frustration breitete sich in mir aus. Doch auch mein Rechtsanwalt riet mir, die Entscheidung zu akzeptieren. Ich bin fest davon überzeugt, dass die Gesetzes- und Vorschriftenlage geändert werden muss, um die tapferen Männer und Frauen, die ihr Leben für unser Land riskieren, angemessen zu würdigen und zu versorgen.

Im Mai 2012 kehrte ich von meinem ersten Einsatz in Afghanistan nach Deutschland zurück. Nach einem einmonatigen erholsamen Urlaub nahm ich meine frühere Anstellung wieder auf. Kurz darauf rief mich der Referatsleiter des Bundessprachenamts an. Er lobte meine Arbeit und bot mir eine Position als Fremdsprachenassistent an. Nach sorgfältiger Überlegung und einem Gespräch mit meiner Familie nahm ich das Angebot an und unterzeichnete einen neuen Vertrag mit der Bundeswehr. Dies war ein einjähriger Vertrag, da er an die Dauer des vom Deutschen Bundestag für den Einsatz in Afghanistan verabschiedeten Mandats gebunden war.

10. Kunduz – Mein zweiter Auslandseinsatz

Nur wenig später erhielt ich einen weiteren Einsatzauftrag. Diesmal sollte es nach Kunduz zum

Militärischen Abschirmdienst (MAD gehen), erneut für vier Monate. Zuvor hatte der MAD keine eigenen militärischen Sprachmittler eingesetzt.

Ende Juli flog ich erneut nach Afghanistan. Die Wunden von meinem ersten Einsatz waren noch frisch, die Erinnerungen noch lebendig, aber ich wollte meinen Pflicht- und Verantwortungsgefühlen folgen.

Diesmal war der Abschied von meiner Familie anders. Der Gedanke, meine schwangere Frau allein zurückzulassen, war für mich besonders schwer zu ertragen. Ihr Abschiedskuss war bittersüß. Dieser Moment war eine der größten Prüfungen meines Lebens. Auch während des Fluges nach Kunduz hallten die Gedanken an meine Frau und das ungeborene Leben in ihr wie ein trauriges Lied wider.

Kunduz empfing mich mit offenen Armen und verschlossenem Herzen. Privatsphäre war hier wieder ein fremder Gast. In meiner Stube traf ich auf vier neue Kameraden, die ebenfalls als Sprachmittler eingesetzt waren. Sie litten unter Konflikten innerhalb der soldatischen Gemeinschaft. Rivalisierende Fraktionen tanzten auf einem rutschigen Parkett, und ich fand mich zwischen boshaften Anschuldigungen und üblen Intrigen wieder. Beispielhaft dafür steht ein Dienstvergehen eines Oberleutnants, den ich aus meinem ersten Einsatz kannte.

In einem sich wie ein Gerichtsthriller entwickelnden Disziplinarverfahren wurde ich als Zeuge vorgeladen. Meine Aussage schien den Offizier schwer zu belasten. Daraufhin beauftragte dieser seinen mit mir befreundeten Sprachmittler, mich dazu zu bringen, meine Aussage zu revidieren. In diesem Moment war ich gefangen zwischen Kameradschaft, Loyalität und Integrität. Doch ich weigerte mich, eine Falschaussage zu tätigen. Am nächsten Tag saß ich mit meinen Sprachmittler-Kameraden in dessen Container-Büro, als sein Chef hereinkam und mir sofort ‚Hausverbot‘ erteilte. Ich blickte dem Oberleutnant direkt in die Augen. Angriffslustig schaute er mich an. Ich spürte, wie sehr ihm meine Zeugenaussage missfallen hatte und verließ das Büro.

Als mein Sprachmittler-Kamerad entlassen wurde, weil er mich nicht überreden konnte, meine Aussagen zurückzunehmen, gewann das Drama eine neue Tiefe. Hier ging es um einen offenen Konflikt, in dem Wahrheit und Vertrauen auf dem Spiel standen.

Die Ereignisse rund um den Offizier und seinen Sprachmittler, die Rivalitäten unter den Sprachmittlern und das Verhalten meines Vorgesetzten rief eine große Enttäuschung in mir hervor. Selbst in den Reihen derjenigen, die einen Eid geschworen hatten, lauerten Unwahrheit und Verleumdung.

Ich fragte mich: Wieso können die Menschen nicht ehrlich zueinander sein? Wir waren dort für eine gemeinsame Mission, und dafür sollten wir uns besser gegenseitig unterstützen. Leider war das Gegenteil der Fall.

Meine Tage in Kunduz wurden zu einer Odyssee des Misstrauens. Die Wände meines Containers hatten Ohren, die Türen verschlossen sich, und ich fühlte mich als Fremder in einer feindlichen Welt. Selbst mein Chef holte mich in ein inquisitorisches Verhör, in dem ich mich gegen Anschuldigungen verteidigen musste, deren Grund ich nicht verstand.

Später erfuhr ich, dass dieses Verhör aufgrund falscher Aussagen zustande gekommen war. Rivalisierende Sprachmittler hatten Anschuldigungen mir gegenüber dem MAD zugetragen.

Diese Intrigen, Verleumdungen und Führungsfehler zeigten mir eine Seite des Lebens, die ich zuvor nicht gekannt hatte. Die Werte, die mir die Bundeswehr einst beigebracht hatte – Kameradschaft und Wahrhaftigkeit –, zerbrachen vor meinen Augen.

Das Leben in Kunduz glich einem vernebelten Schlachtfeld. Sichtbar waren nur die blutigen Narben der Kämpfe, die unsere Soldaten mit außerordentlicher Tapferkeit fochten. Sie erbrachten Opfer, die uns an die tiefsten Schmerzen der menschlichen Existenz erinnerten, und deren Widerhall bis heute in unserem kollektiven Gedächtnis nachbebt. Ein Beispiel dafür ist das Karfreitagsgefecht am 2. April 2010, bei dem drei unserer Kameraden fielen.

In Kunduz war Sicherheit nur eine flüchtige Illusion. An diesem Ort begegneten wir zudem extremen Klimaverhältnissen und einer erdrückenden Staubbelastung. Privatsphäre gab es schon gar nicht. Mein Leben war dort ein einziges Ringen, ein Tanz mit Sorgen und Ängsten, die mich unablässig heimsuchten. Glücklicherweise erhielt ich fordernde Aufgaben, bei denen ich nicht nur Worte übersetzen, sondern auch Nuancen, Emotionen und subtile Botschaften berücksichtigen musste.

Allerdings bestand meine Arbeit für den MAD nicht nur aus schriftlichen Übersetzungen. Immer wieder wurde ich zu Verhören hinzugezogen. Dann begab ich mich auf die Suche nach Wahrheit und Klarheit in den verborgenen Winkeln der menschlichen

Psyche. Diese Aufgabe war bisweilen eine Gratwanderung zwischen Pflichterfüllung und ethischen Bedenken.

In den Verhörräumen musste ich Emotionen sowie Gestik und Mimik interpretieren und versteckte Botschaften entschlüsseln. Jede Befragung war ein komplexes Puzzle aus Fakten, Halbwahrheiten und Täuschungsversuchen. Ich lernte, dass Wahrheit oft vielschichtig ist und sich unter Angst, Loyalität oder Scham verbirgt.

Die Verantwortung lastete schwer auf meinen Schultern. Einerseits war ich verpflichtet, wichtige Informationen für die Sicherheit unserer Truppen zu gewinnen. Andererseits musste ich stets die Würde der Befragten respektieren und ethische Grenzen wahren. Es war ein ständiger innerer Konflikt zwischen meiner Pflicht als Soldat und meinen moralischen Überzeugungen als Mensch.

Diese Erfahrungen schärften meinen Blick für die Komplexität menschlicher Motive und lehrten mich, hinter die Fassaden zu blicken. Doch sie hinterließen auch Narben auf meiner Seele, zwangen mich, meine eigenen Werte und Überzeugungen immer wieder zu hinterfragen.

Eines Tages führten mich die Straßen von Kunduz gemeinsam mit Feldjägern zu Taliban-Gefangenen. Im Gefängnis von Kunduz, einer Festung der Angst, die von den Wunden des Krieges gezeichnet war, begleitete ich einen Oberleutnant der Feldjäger. Inmitten der düsteren Mauern, die den Atem der Gefangenen und deren verzweifeltes Flehen noch in sich trugen, entfalteten sich zwei Szenen, die ich nie vergessen werde.

Der Oberleutnant, ein Mann, dessen Augen vor Arroganz und Überheblichkeit blitzten, wandte sich in einem Anfall rassistischer Wut an einen afghanischen Soldaten, der im Gefängnis als Wache diente. Seine Wut entstammte eindeutig rechtsradikalen Gedanken. Wie das Knallen einer Peitsche hörte sich seine Stimme an. Jede seiner Beschimpfungen war wie ein Faustschlag gegen die Würde des Mannes, den er anbrüllte. In seinen Augen las ich eine Unbarmherzigkeit, die mich erschreckte.

Der afghanische Soldat, verwirrt und eingeschüchtert, wandte sich an mich: „Was will er und warum schreit er?" Mein Herz drohte zu zerspringen, meine Hände zitterten, als ich mit Rücksicht auf die kulturellen Sitten Afghanistans übersetzte. Der Wachsoldat hätte sonst die Worte des Oberleutnants nicht nur als Respektlosigkeit gegenüber dem Gastgeberland und dessen Sitten, sondern auch als akute persönliche Bedrohung aufgefasst. Doch ich behielt die Kontrolle und konnte den afghanischen Soldaten beruhigen. In seinen Augen sah ich Dankbarkeit, aber auch eine starke, lang nachwirkende Verunsicherung.

Diese Szene verdeutlicht die Schwierigkeiten in der Zusammenarbeit zwischen deutschen und afghanischen Streitkräften, wie sie in vielen Berichten über den Bundeswehreinsatz in Afghanistan erwähnt werden. Die kulturellen Unterschiede, Sprachbarrieren und unterschiedlichen Erwartungen führten oft zu Missverständnissen und Spannungen. Besonders tragisch waren Vorfälle, bei denen Angehörige der afghanischen Sicherheitskräfte deutsche Soldaten erschossen oder umgekehrt.

Bei einem weiteren Vorfall im Gefängnis von Kunduz drohte mir ein Taliban, indem er sagte: „Du Verräter, Ihr Verräter entkommt uns nicht. Wir finden Euch, egal wo Ihr seid, auch im Ausland. Seid gewiss, Ihr und Eure Familien werdet INSHALLAH bestraft werden. Vergiss meine Aussagen nicht!"

Zwar war ich auf derartige Drohungen nicht unvorbereitet; dennoch trafen sie mein Innerstes mit einer Wucht, die mir den Atem raubte. Ich verstand diese Worte als eine aus Bösartigkeit geborene Warnung aus den Tiefen der Nacht: Mein Auslandseinsatz, meine Existenz, selbst meine Familie standen unter Beobachtung.

Die Tage, die folgten, glichen einem Tanz auf Messers Schneide. Die Worte der Taliban hatten mein Inneres wie vergiftete Pfeile durchbohrt und waren tief in meine Seele eingedrungen. Ihre grausamen Echos verfolgten mich bis in die dunkelsten Winkel meiner Träume. Noch Jahre später schrecke ich oft aus dem Schlaf, den Körper von kaltem Schweiß bedeckt, das Herz rasend vor panischer Angst.

In diesen stillen Stunden der Nacht scheint die Zeit stillzustehen. Aus dunklen Ecken starren mich geisterhafte Gestalten an. Der Wind weht Drohungen in meine Richtung – ein unheilvolles Versprechen von Vergeltung, der zu entkommen unmöglich ist.

Seit jenen Tagen hat sich mein Leben verändert, meine Sinne sind geschärft, meine Aufmerksamkeit stets wachsam. Jeder Ort, an den ich mich begebe, wird zuerst auf Fluchtwege geprüft – immer bereit, meine Familie und mich vor Gefahren in Sicherheit zu bringen. Ein Vorfall hat sich tief in mein Gedächtnis eingebrannt: Nachbarn berichteten mir, dass während unserer Abwesenheit zwei Polizisten unser Haus aufgesucht und nach mir gefragt hätten. Auf meine Nachfrage, was sie wollten, erhielt ich nur die lakonische Antwort: „Sie wollten nur wissen, ob Du hier wohnst."

Diese Antwort ließ mir keine Ruhe. Es war ein Sonntag, und die gesamte Nacht hindurch fand ich keinen Schlaf. Am nächsten Morgen suchte ich die Polizeidienststellen auf, die für unseren Wohnort zuständig waren, um herauszufinden, wer diese Beamten gewesen waren und was sie von mir wollten. Doch niemand konnte mir eine Antwort geben. Diese Ungewissheit nagte an meinem Verstand, bis ich schließlich den Sicherheitsfeldwebel meiner Dienststelle kontaktierte, um ihm von meinen Ängsten und den Drohungen der Taliban zu berichten.

Er beruhigte mich und meinte, dass auch bei ihm vor einigen Tagen Polizisten zu Hause gewesen seien. Es könne sich nur um einen Verstoß gegen die Straßenverkehrsordnung handeln. Auf seine Frage, ob ich in letzter Zeit geblitzt worden sei, musste ich einräumen, dass dies tatsächlich wenige Tage zuvor geschehen war. Doch trotz dieses tröstenden Gesprächs fand ich fast zwei Monate lang keine Ruhe mehr. Jedes Mal, wenn die Türklingel ertönte, war ich alarmiert, und ich erlaubte meinen Kindern nicht, die Tür zu öffnen.

Diese Ängste haben sich in mein Wesen eingenistet und sind nun mein ständiger Begleiter, gleich einem Damoklesschwert über meinem Kopf. Unverändert schwebt es dort, eine stumme Mahnung an die Fragilität des Friedens und die Beharrlichkeit des Terrors. Gleichzeitig legen sie Zeugnis ab über mein

Engagement in den Auslandseinsätzen und meine größten Triumphe – eine paradoxe Symbiose, die mich lähmt und gleichzeitig antreibt.

Erlebnisse wie diese dienen mir seitdem als Prüfstein, an dem ich meine seelische Stärke messe, und als Kompass, der mich durch meinen Alltag navigiert.

Ein weiteres unvergessliches Ereignis war meine Unterstützung des Feldlagerkommandanten bei der biometrischen Erfassung von Angehörigen der afghanischen Streitkräfte. Diese sollten für ihren Dienst am Flugplatz Kunduz Plastikausweise erhalten. Während ich Tage und Wochen daran arbeitete, freundete ich mich mit einigen von ihnen an.

Eines Tages kam der Vorgesetzte der afghanischen Kameraden zu mir, um die fertigen Ausweise abzuholen. Als ich sie ihm überreichte, gab er mir vier davon mit der Bemerkung zurück: „Diese brauchen wir nicht mehr; diese hier sind gestern bei einer Explosion durch einen Selbstmordattentäter ums Leben gekommen."

Ich betrachtete die Gesichter auf diesen Ausweisen und stellte fest, dass darunter meine neuen Freunde waren. Überwältigt von großer Traurigkeit konnte ich meine Tränen nicht zurückhalten. Am Tag zuvor war ich im Feldlazarett gewesen und hatte die Überlebenden des Anschlags betreut, ohne zu wissen, dass meine Freunde unter den Toten waren.

Ihre Gesichter sind immer präsent vor meinen Augen. Junge Menschen, die voller Lebensfreude waren und Pläne für die Zukunft schmiedeten, wurden in einem Augenblick durch die grausame Tat eines

Selbstmordattentäters aus dem Leben gerissen. Als ich schließlich im November 2012 den Rückflug in die Heimat antrat, wusste ich, dass die Erinnerungen an jene bewegenden Tage für immer in meiner Seele eingebrannt sein würden – stille Zeugen meiner Zeit in Kunduz.

Der Moment, als ich die Schwelle unseres Heims überschritt, erfüllte mich mit einer tiefen Zufriedenheit. Endlich konnte ich meine Frau wieder in die Arme nehmen. Sie war im bedeutungsvollen dritten Trimester ihrer Schwangerschaft. Gemeinsam trafen wir die letzten Vorbereitungen für die Geburt unserer Tochter. Jeder Moment, jedes Flüstern, jedes Lächeln war ein Versprechen, getränkt mit der Erwartung des bevorstehenden Glücks. Es war eine wunderbare Zeit, eine Sinfonie der Liebe und Harmonie, die unser Herz mit einer Süße füllte.

Mit der Geburt unserer Tochter im Februar 2013 waren wir zu dritt. Sie veränderte unser Universum. Wie ein kleines, zartes Wesen unser Leben umkrempeln konnte, wie sie mit einem Lächeln alle Aufmerksamkeit auf sich zog, war ein Wunder für sich. Die Emotionen, die ich damals empfand, waren so überwältigend und komplex, dass ich sie nur als eines der schönsten Geschenke beschreiben kann, die mir je gemacht wurden.

Ihre Ankunft brachte eine zuvor nicht gekannt Tiefe der Liebe und des Zusammenhalts in unser Leben. Jeder Tag mit ihr war eine Entdeckung, ein Abenteuer, das uns lehrte, die Welt mit neuen Augen zu sehen. Ihre ersten Schritte, ihre ersten Worte – all diese kleinen Meilensteine waren wie kostbare Juwelen, die unser Leben bereicherten und uns immer wieder daran erinnerten, wie wertvoll und flüchtig die Zeit ist.

In den stillen Stunden der Nacht, wenn ich sie in den Schlaf wiegte, spürte ich eine tiefe Dankbarkeit und eine unerschütterliche Verbindung zu diesem kleinen Wesen. Ihre Anwesenheit war ein Licht, das die Schatten der Vergangenheit verblassen ließ und mir den Mut gab, mit Hoffnung und Zuversicht in die Zukunft zu blicken.

Die Zeit bis zu meinem dritten und letzten Einsatz Ende 2013 war beruflich von einer neuen Freiheit geprägt. Ich durfte im home office arbeiten, um meine Sprachfertigkeiten in Persisch und Russisch zu optimieren. Das Bundessprachenamt beauftragte mich schließlich, ein anspruchsvolles russisch-persisches Militärwörterbuch ins Deutsch-Persische zu übersetzen.

Diese Aufgabe war weit mehr als eine bloße Übersetzungsarbeit; sie war eine intellektuelle Expedition in die Tiefen zweier komplexer Sprachen. Tag für Tag saß ich an meinem Schreibtisch, umgeben von Wörterbüchern, Fachliteratur und Notizen, während ich die Bedeutung militärischer Technik-Terminologie entschlüsselte und in die deutsche Sprache übertrug. Jede Seite, die ich übersetzte, war ein kleines Teilchen in einem riesigen Mosaik.

Die Arbeit verlangte nicht nur sprachliche Präzision, sondern auch ein tiefes Verständnis der militärischen Vorschriften. Es war eine Herausforderung, die meine Fähigkeiten auf die Probe stellte und mich gleichzeitig in meiner Profession wachsen ließ. Schritt für Schritt kam ich voran, kämpfend, lernend und wachsend auf über 600 Seiten. In diesen Tagen fand ich eine für mich neue Erfüllung in der Akribie, die diese Arbeit erforderte.

Gleichzeitig bot mir diese Phase eine wertvolle Gelegenheit, Zeit mit meiner Familie zu verbringen und die kostbaren Momente der frühen Kindheit meiner Tochter zu erleben. In dieser Zeit erfüllte mich berufliche Zufriedenheit und familiäres Glück auf wunderbare Weise.

11. Mazar e-Sharif: Der dritte Auslandseinsatz

Im Wonnemonat Mai des Jahres 2013, auf dem Truppenübungsplatz von Wildflecken, nahm ich an einem Einsatzvorbereitungskurs teil. Als der Vollmond im darauffolgenden Monat langsam seinen Aufstieg begann, fand ich mich, von dunklen Gedanken begleitet, am Tor meines dritten und letzten Auslandseinsatzes wieder.

Dieses Mal war der Abschied von meiner geliebten Frau und unserem Baby nicht nur ein flüchtiger Kuss und eine schnelle Umarmung. Mir kam es so vor, als hätte ein Schwert meine Seele durchbohrt. Eine schwere Last lag auf meinem Herzen, eine Last, die ich zuvor noch nicht gespürt hatte. Dennoch gab es kein Zurück mehr, kein anderes Schicksal, das ich wählen konnte. Der Dienst rief mich mit fester Stimme, und als Soldat, der seinen Eid geschworen hatte, fühlte ich die ernste Pflicht, diesem treu zu bleiben und meine Kameraden mit einer Hingabe zu unterstützen, die nur aus den Tiefen eines ehrenvollen Herzens kommen konnte.

Früh am Morgen des Abreisetages, als die Dunkelheit der Nacht den ersten Strahlen der Morgensonne wich, stand der Bereitschaftsdienst der Bundeswehr vor meinem Haus und fuhr mich zum Flugplatz nach Köln-Wahn. In einem Flugzeug der Usbekistan Airlines flogen wir nach Termez. Dort verweilten wir eine Nacht, ehe wir unsere Reise in einem Militärtransportflugzeug nach Masar e-Sharif fortsetzten. Im dortigen Regionalkommando Nord sollte ich einen Dienstposten in der Interkulturellen Einsatzberatung bekleiden.

Die Wiedersehensfreude war groß, als ich einen ehemaligen Vorgesetzten sowie eine mir bestens bekannte Kameradin traf. Mit ihnen sollte ich künftig zusammenarbeiten. Es war, als hätte das Schicksal uns wieder zusammengeführt. Eine wohltuende Atmosphäre umgab uns wie eine sanfte Brise. Sie begleitete uns auf all unseren Wegen.

Die vorherigen Einsätze in Masar e-Sharif hatten die Grundlagen für vertrauensvolle Beziehungen zu unseren afghanischen Partnern gelegt, was unsere Arbeit nun erleichterte. Doch dann wurde unser Vorgesetzter nach Deutschland entsandt, so dass wir für einige Zeit auf uns selbst gestellt waren.

Meiner Kameradin mangelte es an Erfahrung. Sie war zum ersten Mal im Afghanistaneinsatz. Dies machte sie durch ihr Engagement insbesondere für die Rechte der Frauen in Afghanistan mehr als wett. Ich unterstützte sie mit all meinen Kräften. Wir harmonierten perfekt, was sogar unserem Kommandeur auffiel. Zum Dank gab er ihr seine Kommandeursmünze, einen sogenannten Coin.

In diesem Einsatz entschied ich mich, über meine Aufgaben in der Interkulturellen Einsatzberatung hinaus noch mehr zu tun. Ich bot auch den Angehörigen des Zentrums Operative Kommunikation und den medizinischen Einrichtungen meine Unterstützung an.

Meine Arbeit hatte allerdings auch Schattenseiten. Da ich häufig außerhalb des sicheren Feldlagers unterwegs war, fürchtete ich ständig, Ziel eines Selbstmordattentäters oder von feindlichem Feuer getroffen zu werden.

Die Angehörigen des Zentrums Operative Kommunikation betreuten einen Radiosender in Mazar e-Sharif. Dessen Programme fanden jedoch kaum Gehör; sie trafen einfach nicht den Geschmack der Einheimischen. Ich organisierte ein Interview mit der Jury von Voice of Afghanistan bei einem renommierten afghanischen Fernsehsender (Tolo). Die Resonanz auf dieses Interview war überwältigend. Danach erreichten die Sendungen die Herzen und Gedanken der Menschen. Erneut zeigte sich, wie wichtig es ist, die lokale Kultur und die Vorlieben der Bevölkerung zu verstehen, um effektiv kommunizieren zu können.

Während meines dritten Einsatzes lastete das Gewicht der ungünstigen Zeitverträge, die uns Sprachmittlern vom Bundessprachenamt auferlegt worden waren, schwer auf meiner Brust. Ich fing an, über Wege nachzudenken, wie wir unsere berufliche Situation verbessern könnten. Als engagiertes Mitglied des Deutschen BundeswehrVerbands (DBwV) suchte ich das Gespräch mit meinen Kameraden und gewann viele von ihnen für die Idee, gemeinsam für unsere Rechte einzutreten.

In jener Zeit befand sich Hauptmann Andreas Steinmetz, der damalige zweite stellvertretende Vorsitzende des Deutschen Bundeswehrverbands, für eine kurze Zeit in Mazar e-Sharif. Ich nutzte die Gelegenheit und vereinbarte ein Treffen mit ihm in den späten Abendstunden. Zu diesem Termin nahm ich einen weiteren Sprachmittler mit, der meine Entschlossenheit teilte. Was mich zutiefst schockierte, war Hauptmann Steinmetz' Annahme, wir seien Einheimische, also lokale Sprachmittler, die deutsche Uniform trugen. Als ich ihm klarmachte, dass wir deutsche Staatsbürger und Soldaten der Bundeswehr waren, war er sichtlich überrascht.

Viele Kameraden im Einsatz dachten wie er; manche sagten uns sogar: „Du hast es gut, jetzt gehst Du nach Feierabend gleich nach Hause." Also versuchten wir, unsere Kameraden über die Rolle der militärischen Sprachmittler aufzuklären. Zunächst sollte der persönliche Sprachmittler des Kommandeurs unseren General über unsere Absicht informieren. Der General gab daraufhin die Anweisung, dass Radio Andernach, der Soldatensender der Bundeswehr, der auch in Mazar e-Sharif präsent war, ein Interview mit den Sprachmittlern führen sollte. Im Mittelpunkt sollte unser Status stehen. Ein Sprachmittler-Kamerad und ich gaben dieses Interview, in dem wir auch unsere Aufgaben im Einsatzland erläuterten. Es war ein Tropfen auf den heißen Stein, aber besser als nichts.

Nachdem Hauptmann Steinmetz uns aufmerksam zugehört hatte und ihm die Problematik unserer

Situation und dabei vor allem der Verträge bewusst geworden war, bot er uns seine Unterstützung an. Er versprach uns, sich für die Rechte der militärischen Sprachmittler einzusetzen. So begann eine Zusammenarbeit, die bald darauf Früchte trug – eine Zusammenarbeit, die auch vielen anderen zugutekommen sollte.

Das für mich belastendste Ereignis kurz vor dem Ende meines Auslandseinsatzes war ein tragischer Unfall, bei dem eins unserer gepanzerten Militärfahrzeuge mit dem Pkw eines Einheimischen kollidierte. Es gab Tote und Verletzte. Wir vom IEB-Team mussten mit den Familien der Opfer über die Höhe des Schmerzens- und Totengeldes verhandeln. Ich war emotional nicht in der Lage, den Eltern eines getöteten jungen Mannes in die Augen zu schauen und über Geld zu reden. Da mein Nachfolger bereits vor Ort angekommen war, bat ich meinen Vorgesetzten, ihn dafür einzusetzen. Er kam meiner Bitte nach, so dass ich mich weiter auf meine Heimreise vorbereiten konnte.

Am Ende meines Einsatzes fand in der Residenz des Gouverneurs der Provinz Balkh eine feierliche Übergabezeremonie statt. Ein Sprachmittler-Kamerad, der ebenfalls mit mir heimkehren sollte, hatte über mehrere Jahre hinweg eine reichhaltige Auswahl an Sportbekleidung vom Deutschen Fußball-Bund (DFB) besorgt. Die Bundeswehr hatte die insgesamt 5,5 Tonnen Sportbekleidung von Deutschland aus nach Afghanistan transportiert. Diese wurde nun afghanischen Sportlern übergeben. Die Anwesenheit von Generalmajor Vollmer, der an der Spitze der internationalen Truppe im Norden Afghanistans stand, machte diese Übergabe zu einem wahrhaft historischen Ereignis.

12. Abschiedsfeier

Mitten in dieser feierlichen Übergabezeremonie kam mir der Gedanke, mich gebührend aus Afghanistan zu verabschieden. Ich lud dazu unseren Kommandeur, den oben genannten Generalmajor, ein. Er nahm meine Einladung an und stellte mir dafür sein Kommandeur-Zelt, in dem er sonst hochrangige Gäste empfing, zur Verfügung.

Die Vorbereitungen für diese Abschiedsfeier fanden in einer besonderen Atmosphäre statt. Jeder Handgriff, jedes Detail wurde mit Sorgfalt und Hingabe ausgeführt, um diesem Moment die gebührende Bedeutung zu verleihen. Die Kameraden, die mich während des Einsatzes begleitet hatten, kamen zusammen, um mit mir meinen letzten Abend in Afghanistan zu verbringen.

Als die Dämmerung hereinbrach und das Zelt in ein warmes, goldenes Licht tauchte, begann die Feier. In herzlicher Gemeinschaft genossen wir ein reichhaltiges Fischdinner, das auf meine Anfrage hin von den Mitarbeitern des Provinzgouverneurs von Balkh ermöglicht wurde. Der Generalmajor hielt eine bewegende Rede, in der er die Bedeutung der Sprachmittler für den Erfolg unserer Mission würdigte. Seine Worte waren wie Balsam für unsere Seelen, eine Anerkennung unserer harten Arbeit. Mein Kamerad erhielt für sein Engagement für die afghanischen Sportler den Coin des Kommandeurs. Dieser Abend bildete einen würdigen Abschluss meines dritten und letzten Auslandseinsatzes.

Inmitten dieser Feierlichkeiten spürte ich eine tiefe Dankbarkeit und eine stille Erfüllung. Es war ein Moment des Abschieds, aber auch ein Moment des Neuanfangs. Die Erinnerungen an diesen Einsatz, die Freundschaften, die ich geschlossen hatte, und die positiven und negativen Erfahrungen, die ich gemacht hatte, würden mich für immer begleiten. Sie waren untrennbar mit mir verbunden, ein wichtiger Abschnitt in der Erzählung meines Lebens.

13. Engagement für die Sprachmittler

Als ich endlich deutschen Boden unter den Füßen hatte, wartete ein Mietwagen am Kölner Flughafen auf mich. Ich wollte so schnell wie möglich nach Hause, da ich meine geliebte Ehefrau und meine kleine Tochter sehr vermisste.

In den Tagen danach überkam mich das Bedürfnis, für die Interessen der Sprachmittler einzutreten, jener Kameraden, die an meiner Seite gekämpft hatten. Das Problem war: Alle Verträge sollten ab 2015 enden. Grund dafür war die starke Reduzierung der Anzahl der deutschen Soldaten im Norden Afghanistan von über 5.000 auf rund 1.000.

Mit einem Herzen voller Tatendrang nahm ich Kontakt zum damaligen zweiten Stellvertreter des Vorsitzenden des DBwV auf und informierte ihn über die unsichere Situation der Sprachmittler. Sofort stimmte er einem Treffen in den Räumlichkeiten des DBwV in Berlin zu.

Die Reise nach Berlin war wie eine Pilgerfahrt zu einem Ort, an dem die Weichen für die Zukunft gestellt werden sollten. Jeder Kilometer, den wir zurücklegten, brachte mich ein Schritt näher an die Verwirklichung eines Traums, der in den stillen Momenten des Krieges geboren worden war. Die Straßen, die sich vor uns erstreckten, schienen voller Hoffnung und Chancen zu sein.

Die Hauptstadt öffnete uns ihre Tore, das politische Herz Deutschlands pochte im Einklang mit unserem Vorhaben. Wir wurden vom stellvertretenden Vorsitzenden des DBwV sowie einem erfahrenen Juristen des Verbands herzlich empfangen. Danach vertieften wir uns in die komplexen Vertragsangelegenheiten der Sprachmittler, erarbeiteten ein Konzeptpapier und vereinbarten die nächsten Schritte unseres Vorhabens, als wären wir Architekten eines gewaltigen Bauwerks.

Parallel zu unseren Bemühungen engagierte sich ein weiterer Sprachmittler, auch er ein Kamerad mit Feuer im Herzen. Dieser Mann suchte das Gespräch mit dem damaligen Vorsitzenden des Verteidigungsausschusses des Deutschen Bundestages, Dr. Hans-Peter Bartels. Dieser empfing ihn in seinem Wahlkreisbüro und hörte sich seine Sorgen an. Der Kamerad bat mich später, den Kontakt mit Dr. Bartels zu pflegen, da er bald wieder in den Einsatz gehen musste.

Unsere Entschlossenheit wuchs mit jedem Tag, mit jedem Brief, den wir schrieben, mit jedem Gespräch, das wir führten. Schließlich wurde eine Sitzung des Verteidigungsausschusses einberufen.

An diesem denkwürdigen Tag drückten die Abgeordneten verschiedener Fraktionen ihre Dankbarkeit für unsere Initiative aus und sicherten uns ihre Unterstützung zu. Das BMVg wurde beauftragt, nun innerhalb von sechs Wochen eine Lösung für die Sprachmittler zu erarbeiten.

Doch die Zeit tickte gnadenlos. Die Wochen vergingen, der Winter kroch heran, und der Dezember warf seine ersten Schatten. Vergebens warteten wir darauf, dass das Ministerium eine Lösung präsentierte.

Da viele unserer Kameraden kurz davorstanden, ihre Arbeit zu verlieren, beschloss ich, nicht länger zu warten, sondern zu handeln.

In dieser kritischen Phase, als wir bereits am Rande eines Abgrunds standen, erwies sich ein Telefonat mit einem Kameraden, den ich von den Einsätzen in Afghanistan her kannte und der nun persönlicher Adjutant der Verteidigungsministerin war, als entscheidend. Mit seiner Hilfe sandte ich einen Brief an Frau von der Leyen. Nur wenig später rief mich der Leiter des Büros eines Staatssekretärs an und sicherte uns eine Lösung zu. Dazu sollte noch vor Weihnachten eine Sitzung im Bundessprachenamt (BSprA) einberufen werden.

Dieser Tag war perfekt inszeniert. Kameraden, die neue Verträge unterzeichnen durften, kamen am Vormittag; diejenigen, die keine Angebote erhalten hatten, versammelten sich am Nachmittag. Ich war einer von ihnen.

Der Präsident des BSprA begrüßte uns mit den Worten: „Wir sind heute hier, weil Ihr Kamerad Shayan einen Brief an die Ministerin geschickt hat." Mit seinen Augen suchte er nach mir, so dass ich mich zu erkennen gab. Das Bundesministerium der Verteidigung (BMVg) hatte entschieden, dass diejenigen, die keine neuen Verträge erhalten hatten, auf Wunsch unbefristet in andere Bereiche der Bundeswehr wechseln könnten. Dies war ein großer Erfolg für unsere Bemühungen und auch ein Moment der Dankbarkeit.

Auf diese Weise endete meine Zeit als Sprachmittler beim BSprA. Zum 1. Januar 2015 begann für mich ein neues Kapitel.

In Manching sollte ich als Verfahrensmechaniker für Oberflächentechnik arbeiten. Doch die Geschichte nahm noch weitere Wendungen, wie ein Fluss, der sich seinen Weg durch die Landschaft bahnt. Die Entscheidung, Sprachmittler nicht weiter zu beschäftigen, beruhte auf einer Fehleinschätzung. Die Telefone klingelten erneut, bereits entlassenen Kameraden wurden neue Verträge angeboten.

14. Reise nach Kabul

Im Jahre 2014 wurde General Dostum der Erste Vizepräsident Afghanistans. Anfang 2015 erreichte mich eine Einladung des Generals nach Kabul, die ich annahm. Dort, an den Toren des Flughafens, wurde ich von Dostums Personenschützern in Empfang genommen.

Unmittelbar nach meiner Ankunft bot sich bereits die Gelegenheit zu einer Begegnung mit dem Vizepräsidenten. Da ich erschöpft von der langen Reise war und zudem noch meine Koffer verlorengegangen waren, wies ich das Gesprächsangebot höflich zurück. Die Zeit schien mir noch nicht gekommen, das Schicksal noch nicht bereit.

Es dauerte drei Tage, bis ich meine Koffer bekam und mich für das Treffen bereit fühlte. Doch das Schicksal hatte anderes im Sinn. Die Stimmen über General Dostum verstummten, und bald offenbarten mir flüsternde Quellen, dass der General unerwartet aus gesundheitlichen Gründen nach Indien gereist sei.

Schließlich erfuhr ich auch den Grund für meine Einladung: Ich sollte eine freie Stelle im Präsidialamt besetzen, um dem Vizepräsidenten in Fragen internationaler Kontakte und der Jugendförderung zur Seite zu stehen. Eines seiner Wahlversprechen war, ein Ministerium für die Belange der Jugend einzurichten.

Drei Tage vor meiner geplanten Abreise kehrte General Dostum nach Kabul zurück. Sein persönlicher Adjutant erklärte mir allerdings, dass ein Treffen in den nächsten Tagen nicht möglich sei. Er riet mir, länger zu bleiben. Doch mein Herz, das zwischen zwei Welten hin- und hergerissen war, entschied sich anders.

Meine fünfzehn Tage in Kabul boten mir die Möglichkeit, Afghanistan abseits meiner militärischen Tätigkeit zu betrachten. Ein neues Verständnis entfaltete sich in mir, ein tieferer Blick auf die Herausforderungen dieses Landes, aber auch auf die Chancen, die darin verborgen lagen.

Als ich am Ende meines Aufenthalts über die Möglichkeit nachsann, innerhalb des afghanischen Regierungsapparats tätig zu werden, dämmerte mir, dass darin eine ernste ethische Prüfung liegen könnte. Die weit verbreitete Korruption hätte mich vielleicht in Situationen gebracht, wo ich unmoralische Praktiken nicht nur tolerieren sollte, sondern wo ich mich vielleicht auch in solche Praktiken verstricken würde. Dieser Weg wäre nicht nur meinen eigenen Werten zuwidergelaufen, sondern hätte auch meinen innersten Wunsch, ein blühendes demokratisches Afghanistan zu fördern, entkräftet.

So entschied ich mich, kein Mitglied dieser Regierung zu werden. Nach 18 Tagen, ohne den Vizepräsidenten getroffen zu haben, trat ich die Heimreise an. Zurück in Deutschland telefonierte ich mit General Dostum, dankte ihm für sein Vertrauen und teilte ihm mit, dass familiäre Bindungen, fest wie die Wurzeln eines Baumes, mich daran hinderten, in Afghanistan zu leben und zu arbeiten.

Meine Gefühle für Afghanistan und seine tapferen Menschen waren unverändert von Sympathie und Hoffnung geprägt. Ein heiliger Funken, entzündet durch die dort verbrachten Tage und Nächte, hatte meinen Glauben an die Notwendigkeit einer langfristigen, nachhaltigen und vor allem korruptionsfreien Entwicklungszusammenarbeit vertieft. Es schien, als ob die Stunde gekommen war, in der die internationale Gemeinschaft und die afghanische Regierung, wie Brüder in einem friedvollen Unterfangen, Hand in Hand arbeiten müssten, um die institutionellen Grundlagen zu festigen und transparente Wege hin zu demokratischer Rechtsstaatlichkeit und sozialer Gerechtigkeit zu ebnen.

Betrachtete ich die verwirrende Komplexität der Lage und die schwere Last der Verantwortung, die eine Tätigkeit im majestätischen, aber oft undurchsichtigen Regierungsapparat mit sich gebracht hätte, so kam ich zu dem Schluss, dass mein Weg woanders liegen musste.

Allerdings verlangte mein Herz, das stets die Pfade der Menschlichkeit suchte, danach, weiterhin Unterstützung für Afghanistan zu leisten. Es rief nach humanitärer Hilfe, nach Bildungsprojekten oder anderen leuchtenden Initiativen, die darauf abzielten, das Leben der Menschen in Afghanistan zu erhellen, wie eine Fackel, die durch die Dunkelheit führt.

Zum Schluss möchte ich meine innige Dankbarkeit für die Erfahrungen, die ich während meiner Einsätze in Afghanistan und meiner letzten Reise nach Kabul gemacht habe, nicht unerwähnt lassen. Mir kam es so vor, als hätten die Schicksalsgöttinnen mich auf dieser Reise begleitet. Sie haben meine Sichtweise verändert, meinen Horizont erweitert und mein Bekenntnis zu einem dauerhaften, unzerbrechlichen Frieden in Afghanistan gestärkt. Wie ein edles Gedicht, das die Seele berührt, wird diese Erinnerung in meinem Herzen fortleben, ein konstanter Gefährte auf meinem weiteren Pfad durch das Theater des Lebens.

15. In der Wehrtechnischen Dienststelle (WTD) 61

Mit dem ersten Tag im Juli des Jahres 2015 trat ich meinen neuen Dienstposten in der WTD 61 in Manching an. Mich in den vernachlässigten Räumlichkeiten der Werkstätte zurechtzufinden, forderte meine ganze Aufmerksamkeit. Eine Grundreinigung sowie die Anschaffung neuer Werkzeuge waren dringend geboten. Danach erweiterte ich mein Arbeitsspektrum. Neben den Beschichtungsarbeiten eignete ich mir mit Geschicklichkeit und Fleiß die Fähigkeiten eines Werbetechnikers an. Ich entwarf Logos und Schriftzüge, widmete mich ganzen Folierungen und entwickelte dafür spezielle Ständer und Tische. Fast wie mit den Händen eines Künstlers zeichnete ich die Skizzen, an denen sich die Metallbauer orientieren konnten.

In der WTD 61 war der DBwV nicht bekannt. Daher gestaltete ich Werbetafeln in allen Räumen der Dienststelle. Ich wurde auch zum Beisitzer für die zivilen Mitarbeiter in der Truppenkameradschaft Ingolstadt und Manching gewählt.

Die Arbeit erfüllte mich mit einer tiefen Freude, einer Befriedigung, die weit über das Berufliche hinausging. Sowohl Kollegen als auch Vorgesetzte zeigten sich von meiner Arbeitsweise und der Qualität, die ich lieferte, positiv überrascht.

Beschwerlich waren allerdings die wöchentlichen Pendelfahrten zwischen Manching und meinem Zuhause. Meine Frau und meine Tochter konnte ich nur an den Wochenenden sehen. Doch während ich mich allmählich daran gewöhnte, wuchsen belastende Erinnerungen an meine Einsätze in mir. Trotz meiner Gegenmaßnahmen wurden sie zu Gespenstern, die an meiner Seele zerrten.

16. Psychische Belastungen und medizinische Betreuung

Ich verlor die Kontrolle über meinen Körper; meine Psyche glich einem wankenden Schiff in einem heftigen Sturm. Mein Verhalten bewirkte Risse im Fundament meiner Familie. Meine Frau, einst mein sicherer Hafen, war verzweifelt. Unsere Ehe stand vor einem tiefen Abgrund.

Eines Tages, als ich mit meiner Tochter auf einem Spielplatz in der Nähe einer evangelischen Kirche verweilte, wo die Wasser der Taufe geflossen waren, geschah es. Mein Blick erfasste eine Gestalt in traditioneller Kleidung, verborgen hinter einem Baum. Ich war sofort alarmiert: ein Selbstmordattentäter, so schien es, lauerte mir auf. Mein Herz raste, die Welt verengte sich zu einem Tunnel, und schnell ergriff ich meine Tochter und floh. Die Angst trieb mich an, bis ich aus sicherer Entfernung beobachten konnte, was sich wirklich abspielte: Es waren nur Schauspieler in ihren Rollen für eine Taufzeremonie. Doch diese Erkenntnis half nicht. Ich zog mich zurück, vernachlässigte meine Hobbys, schnitt meine sozialen Kontakte ab und wurde ein Schatten meiner selbst.

Ein anderes Mal, in einem Moment, der wie jeder andere hätte sein können, hörte ich militärischen Fluglärm. In meinem Innersten breitete sich ein Elend aus, und vor meinen Augen verwandelte sich die vertraute Landschaft in eine öde Wüste. Zitternd und schweißgebadet fand ich mich in einem Zustand wieder, den ich nicht verstand und den ich auch nicht kontrollieren konnte. In diesem Augenblick wusste ich, dass ich Hilfe benötigte. Ich konnte nicht länger allein in diesem Dunkel wandern.

In meiner Dienststelle suchte ich die Truppenärztin auf, um mit ihr offen über meinen Zustand zu sprechen. Die Medizinerin versprach, mir zu helfen. Und sie hielt Wort. Sie überwies mich in das Bundeswehrkrankenhaus nach Berlin und arrangierte dort einen Termin für mich.

Im September 2016 diagnostizierten Ärzte dieses Krankenhauses, dass meine Symptome ein Zeichen von Krankheit, ein Ruf nach medizinischer Hilfe waren. Da meine Auslandseinsätze als Soldat die Ursache dafür waren, wurde ein Antrag auf Wehrdienstbeschädigung ausgefüllt und an die Bundeswehr gesandt.

Die Ärzte der Hauptstadt rieten mir, einen Arzt in meiner Wohnortnähe zu suchen und in eine ambulante Behandlung zu gehen. Sie gaben mir Medikamente und den Bericht mit den Codezeichen ihrer Diagnose. Die Suche nach einem Therapeuten war ein Weg voller Dornen, doch ich fand schließlich einen Wegbereiter, der mich als seinen Schützling aufnahm, wenn auch erst nach mehrmonatiger Wartezeit. Während dieser Zeit hatte mich mein Hausarzt krankgeschrieben.

Nachdem ich im März des folgenden Jahres einen Monat lang im Bundeswehrkrankenhaus in Berlin behandelt worden war, wagte ich im Sommer die Rückkehr in die Arbeitswelt. Doch drei Monate später war ich wieder am Rande der Verzweiflung.

In diesen schweren Zeiten wurde meine Frau zu meinem Halt. Sie vertiefte sich selbst in das Dunkel meiner Krankheit, um zu wissen, wie sie mir beistehen konnte.

Die Monate vergingen. Erst im Februar des Jahres 2018 erkannte die Bundeswehr meine Wehrdienstbeschädigung an – mit einem Schädigungsgrad von 30 Prozent. In der ABC-Kaserne in Bruchsal sollte ich mich beim Lotsen für einsatzgeschädigte Soldaten vorstellen und dort auch meinen Dienst als Soldat besonderer Art in der Schutzzeit ableisten. Die rechtliche Grundlage dafür war das Einsatz-Weiterverwendungsgesetz (EinsatzWVG).

Seitdem war ich fünfmal in stationärer Behandlung. Einmal verbrachte ich zehn Wochen in tagesklinischer Fürsorge. Die gesamte Zeit befand ich mich unter ambulanter Aufsicht. Neue Hoffnung auf Wiedereingliederung hatte ich im Jahr 2021 nach einem sechswöchigen stationären Aufenthalt in der Median Klinik Bad Pyrmont. Doch diese Hoffnung wurde vom chaotischen Truppenabzug aus Afghanistan zunichte gemacht – ein Sturm, der die Erfolge meiner mühsamen Therapien hinwegfegte. So stehe ich da, einer von vielen Veteranen, gezeichnet von üblen Rückfallen.

Meine Hoffnungen und Träume für Afghanistan waren nun null und nichtig. Ungläubig fragte ich mich: Wie konnte es nur so weit kommen? Waren all unsere Bemühungen, all die gebrachten Opfer, nicht mehr als der Ruf eines Wanderers in der Wüste? Das Bild eines starken, empathischen Deutschlands, das aktiv auf der Weltbühne mitspielt und nicht nur tatenlos zusieht, schien sich in eine trügerische Fata Morgana zu verwandeln. Die Chance, den unschuldigsten Seelen Afghanistans beizustehen, verlor sich im Nebel des Ungewissen.

Das erklärte Ziel der Internationalen Gemeinschaft war es gewesen, den Terrorismus zu bekämpfen, einen sicheren und stabilen afghanischen Staat aufzubauen, die Demokratisierung und den Schutz der Menschenrechte voranzutreiben, die wirtschaftliche Entwicklung zu unterstützen sowie regionale Stabilität zu gewährleisten. Afghanistan sollte nicht länger ein Land sein, in dem Mädchen und Jungen als Figuren auf dem Schachbrett des Krieges benutzt werden und verzweifelt ein karges Stück Brot erbetteln müssen, sondern auf Schulbänken sitzen. Stattdessen haben wir dazu beigetragen, dass die Taliban zur bestbewaffneten terroristischen Organisation der Welt geworden sind und nun über Afghanistan herrschen, während das afghanische Volk, das uns einst als Retter und Verbündete im Kampf gegen den Terror sah, im Stich gelassen wurde; dass Frauen nicht als vollwertige Mitglieder der Gesellschaft angesehen werden und ihnen Bildung verweigert wird; und dass die Menschen, die mit uns zusammengearbeitet hatten, den Gräueltaten der Taliban ausgeliefert sind.

Warum mussten über fünfzig deutsche Soldaten ihr Leben verlieren, warum müssen noch heute so viele unter seelischen und körperlichen Narben leiden? Unsere tiefe Enttäuschung hat ihre Wurzeln in diesen schwerwiegenden Fragen. Und doch liegt unsere Aufgabe darin, in diesem unendlichen Meer der Enttäuschungen den Antrieb zu finden, um voranzuschreiten und für ein Deutschland zu kämpfen, das seine Helden, die Veteranen, nicht im Stich lässt, in dem jeder Veteran nicht jahrelang neben seiner

Gesundheit auch noch um seine wirtschaftliche Existenz kämpfen muss.

Seitdem ich im Jahr 2001 erstmals deutschen Boden betrat, verfolgt mich ein melancholischer Schatten. Wie ein Phantomschmerz, der mich unablässig daran erinnert, dass irgendetwas nicht stimmt. Die Wurzeln dieses Phänomens, so bin ich geneigt zu glauben, liegen tief vergraben in der unzulänglichen politischen Bildung mancher Teile der deutschen Bevölkerung sowie in der Art und Weise, wie Medien und deren Berichterstattungen die Bürgerinnen und Bürger beeinflussen.

Die politische Bildung in Deutschland weist erhebliches Verbesserungspotenzial auf, da sie in vielen Bundesländern von der Sekundarstufe I bis zur Sekundarstufe II nicht durchgängig und oft nur wenige Stunden durchgeführt wird. Dies könnte dazu beitragen, dass die Menschen kaum an politischen Themen interessiert und zu wenig informiert sind.

Auch die Medien spielen hierbei eine Rolle. Sie sind fragmentiert und informieren oftmals einseitig. Extreme Positionen werden in den sozialen Medien bevorzugt geteilt. Dies trägt zur gesellschaftlichen Polarisierung bei und verstärkt Wut- und Ohnmachtsgefühle.

In diesem Kontext sehen wir auch ein Erstarken der extrem rechten und extrem linken politischen Lager, was die Dringlichkeit unterstreicht, politischer Bildung und ausgewogener Berichterstattung mehr Aufmerksamkeit zu widmen.

Ich hatte das Privileg, vielen außerordentlichen Menschen zu begegnen, die nach den hehren Prinzipien von Liebe, Menschlichkeit und Solidarität leben. Sie beweisen durch ihr Handeln, dass Freundlichkeit, Unterstützung und Empathie möglich sind. Ein gutes Beispiel dafür sind die Angehörigen des Deutschen BundeswehrVerbandes. Gemeinsam haben wir viel für unsere militärischen Sprachmittler erreicht. Vorbildlich engagieren sich auch die Mitglieder des Bundes Deutscher EinsatzVeteranen e.V. Sie setzen sich für alle geschädigten Kameraden ein – ohne einen Unterschied aufgrund von Herkunft oder militärischem Status zu machen.

Allerdings tragen Bürgerinnen und Bürger aus allen Gesellschaftsschichten Vorurteile gegenüber Menschen mit anderer Hautfarbe oder Religion in sich. Sie bilden einen beunruhigenden Kontrast zu der sonst so reichen kulturellen Vielfalt unseres Landes.

Meine Beobachtungen legen nahe, dass Vorurteile auch aus manchmal unbewussten Ängsten erwachsen. Gewisse politische Strömungen nutzen diese geschickt aus, um ihre Agenden voranzutreiben. Dieses Phänomen ist nicht auf Deutschland beschränkt. In ganz Europa beobachten wir derzeit ein Anwachsen bestimmter politischer Parteien und Bewegungen, die solche Ängste ausnutzen.

In Manching, bei der WTD 61, wo mein neues Arbeitsleben begann, war die Situation nicht anders. Es war eine Zeit der Unruhe, als ich dort eintraf. Deutschland hatte seine Arme geöffnet und hunderttausende Menschen aufgenommen, die vor den Kriegen in ihren Heimatländern geflohen waren und in der Europäischen Union Zuflucht und ein sicheres Leben suchten.

In der Flüchtlingskrise 2015 weigerte ich mich, bloßer Zuschauer zu sein. Ich will kein Mann sein, der an der Seitenlinie steht und auf die Unfähigkeit der Politiker hinweist, während er selbst nichts weiter als negative Energie in die Welt sendet. Gleich den tausenden unerschütterlichen Helfern, die Geflüchteten zur Seite stehen, habe ich mich ehrenamtlich engagiert. Beispielsweise habe ich der Erstaufnahmeeinrichtung in Ingolstadt meine Unterstützung angeboten. Parallel dazu trug ich meine Fähigkeiten als Dolmetscher dem Bundesamt für Migration und Flüchtlinge (BAMF) an. Doch bis ich helfen konnte, musste ich ein Jahr lang kämpfen.

Während meiner Tätigkeit in diesen Einrichtungen erkannte ich, dass bestimmte Verwaltungsverfahren Sicherheitsrisiken für Deutschland mit sich bringen. Daraufhin entwickelte ich ein Konzept, um Sicherheitslücken zu schließen. Mit einem Brief wandte ich mich an die Hüter unserer Nation – den Bundesminister des Inneren und den Bundesminister der Verteidigung. Leider blieben meine Bemühungen unbeachtet, und meine Stimme verhallte ungehört.

Über die Geschichte des ehemaligen Oberleutnants Franco A. berichtete der DBwV ausführlich. Dabei kamen auch meine Vorschläge zur Verbesserung der damaligen Zustände im BAMF zur Sprache. Dieser Bericht ist im Internet unter dem Titel „Wie das Asylverfahren für Franco A. zum leichten Spiel wurde" zu finden.

Nachdem mein Interview im Internet veröffentlicht wurde, schien der Druck auf das Bundesministerium der Verteidigung in den Medien zu sinken, und es erschienen weniger Berichte über Franco A. und seine Rolle in der Bundeswehr.

Der DBwV setzt sich intensiv mit sicherheitspolitischen Themen auseinander. In der Vergangenheit wies der Verband immer wieder auf Missstände hin, um Verbesserungen zu erreichen. Dennoch habe ich den Eindruck, dass die Aufmerksamkeit für diese Themen schnell abnimmt und keine nachhaltigen Veränderungen erreicht werden.

Die Umsetzung meiner Vorschläge hätte möglicherweise dazu beigetragen, Katastrophen wie den Anschlag am Breitscheidplatz in Berlin oder den Vorfall um Franco A. zu verhindern. Ich glaube, dass ich eines Tages Gehör finden werde und mit meinem Konzept einen Beitrag zur Sicherheit unseres Landes sowie Europas leisten kann. Den Schriftverkehr mit dem Bundesministerium des Innern und dem BMVg zu diesem Thema bewahre ich jedenfalls auf.

In der Anfangsphase meiner neuen beruflichen Tätigkeit in Manching verbrachte ich die Pausen in einem Aufenthaltsraum. Dort kamen Menschen vom einfachen Arbeiter bis zum hochrangigen Beamten zusammen. Ihre Gespräche offenbarten deren Voreingenommenheit gegenüber Flüchtlingen. Trotz meiner Aufklärungsversuche konnte ich diese nicht beheben.

Schließlich mied ich den Pausenraum. Stattdessen stattete ich meinen eigenen Arbeitsplatz mit einer Kaffeemaschine und einem Wasserkocher aus; ein Vorgesetzter sorgte sogar dafür, dass ich einen Kühlschrank bekam. Von da an kamen nur noch jene Menschen zu mir, die beruflich etwas von mir wollten oder mich als Mensch schätzten.

Eines Tages begegneten mein Vorgesetzter und ich unserem Dienststellenleiter. Er wandte sich an meinen Vorgesetzten und deutete, mit dem Finger auf mich zeigend an, dass ich ein Beil bei mir haben könnte. In den Tagen zuvor hatte ein pakistanischer Flüchtling in einem Zug in Augsburg mit einer Axt unschuldige Menschen verletzt.

Einige Stunden später stellte ich ihn zur Rede und machte ihm unmissverständlich klar, dass er in seiner Position solche Bemerkungen weder machen darf noch sollte. Er entschuldigte sich bei mir offiziell, und ich war bereit, die Angelegenheit auf sich beruhen zu lassen. Allerdings musste ich zu meinem Bedauern feststellen, dass seine Entschuldigung nicht aufrichtig gemeint war. Ab diesem Tag schien er immer wieder nach neuen Möglichkeiten zu suchen, mir Steine in den Weg zu legen.

Diese Vorfälle verdeutlichten mir die tief verwurzelten Vorurteile im Denken und Handeln vieler Menschen. Nichtsdestotrotz wollte ich weiterhin für Toleranz und Verständnis werben. Trotz der Hindernisse und des Widerstands blieb ich standhaft in meinem Bestreben, Menschlichkeit auch im Beruf zu fördern.

17. Kampf um die Anerkennung des Grades der Schädigung (GdS)

In der Zwischenzeit erreichte ich die Erhöhung meines Schädigungsgrades von 30 auf 40 Prozent. Die ärztlichen Befunde, so meinten meine Therapeuten, sprachen für einen GdS von mindestens 50 Prozent. Mein Anwalt legte daher Beschwerde ein. Die

Bundeswehr lehnte diese als unbegründet ab. Schließlich wurde die Angelegenheit dem Sozialgericht Stuttgart vorgelegt.

Im Oktober 2022 schickte mich das Sozialgericht zu einer unabhängigen Gutachterin. Die Untersuchung dauerte einen ganzen Tag. Einige Monate später erhielt ich über meinen Rechtsanwalt das Ergebnis der Begutachtung. Ich war schockiert: Darin standen viele Unterstellungen und Aussagen, die ich gar nicht getätigt hatte. Angeblich soll ich gesagt haben, ich hätte als Kind Angststörungen gehabt, was nicht stimmte. Außerdem wurde behauptet, meine Oma sei an Diabetes gestorben, obwohl sie nie an dieser Krankheit gelitten hatte. Das Gutachten stellte meine Situation völlig falsch dar.

Ich suchte einen weiteren Gutachter auf, den ich kannte. Dieser führte die Begutachtung ehrenamtlich durch. Er verfasste eine 35-seitige Stellungnahme, in der er alle fachlichen Fehler der unabhängigen Gutachterin auflistete. Nachdem mein Rechtsanwalt das neue Gutachten dem Sozialgericht weitergeleitet hatte, bekam ich eine Antwort, die sich für mich positiv anhörte: Mein Fall würde neu bewertet werden. Allerdings blieb mein Anwalt skeptisch. Er glaubte, der Richter würde seine Entscheidung eher aufgrund des fehlerhaften Gutachtens treffen. Er riet mir, ein Parteigutachten zu beantragen, was wir dann auch taten. Ich ließ die Untersuchungen für dieses neue Gutachten über mich ergehen, doch leider brachte dessen Ergebnis uns auch nicht weiter. Mein Rechtsanwalt empfahl mir daraufhin, die Klage zurückzuziehen, was ich dann auch tat.

Nach sechsmonatigem Warten auf den Bescheid zur Kostenübernahme für eine Langzeittherapie durfte ich endlich meine Therapeutin aufsuchen. Ich fragte sie nach ihrer Meinung über das neue Gutachten. Sie sagte, sie sei schockiert und dass ein großer Teil dessen, was im Gutachten stehe, nicht passe.

Im Laufe der Jahre war meine Frustration wie eine unaufhaltsame Flutwelle angestiegen. Mir wurde immer klarer, dass meine persönlichen Opfer und der loyale Dienst, den ich an der Seite meiner Kameraden geleistet hatte, keine Wertschätzung fanden. Ein Schlüssel auf dem steinigen Weg meiner Genesung war persönliche Sicherheit – eine Sicherheit, die mir versagt wurde. Daher fiel es mir schwer, mich auf die Genesung zu konzentrieren. Auf der einen Seite stand ich ständig im Kampf mit den Mühlen der Bürokratie, auf der anderen Seite fühlte ich mich gedrängt, schneller gesund und für die Bundeswehr wieder arbeitsfähig zu werden.

Mitte 2021 erreichte mich ein Brief der Zentralen Ansprech-, Leit- und Koordinierungsstelle für Menschen, die unter Einsatzfolgen leiden, die ZALK. Der Brief enthielt die nüchterne Feststellung, dass sich mein Gesundheitszustand bisher nicht verbessert habe und eine Gesundung während der Schutzzeit nicht zu erwarten sei. Daher bestehe die Absicht, diese zu beenden. Dazu sollte ich Stellung nehmen.

Diese ernste Angelegenheit besprach ich sowohl mit meiner Therapeutin als auch mit meinem Anwalt. Meine Therapeutin sah durchaus Verbesserungen in meinem Gesundheitszustand und war der Meinung, dass eine Wiedereingliederung in absehbarer Zeit möglich wäre. Dies versicherte sie mir schriftlich, woraufhin ich es an meinen Anwalt weiterleitete. Wie bereits erwähnt, fühlte ich mich Anfang 2021 stabiler als in den Jahren zuvor. Ich selbst zog eine Wiedereingliederung in Betracht. Doch dann kam der chaotische Truppenabzug aus Afghanistan und mit ihm die Rückkehr einer Flut von Emotionen. Ich erlitt einen Rückfall und konnte nicht mit der Wiedereingliederung beginnen.

18. Familie als Rückhalt

Inmitten all der Kämpfe, die das Leben mit sich bringt, wurde ich mit dem größten Glück gesegnet, das es gibt: mit meiner Familie. Mein Leben wurde im Jahr 2014 mit der Geburt meiner ältesten Tochter bereichert. Seit meiner Rückkehr aus den Auslandseinsätzen war sie das erste Licht, das die Dunkelheit durchbrach, das erste Lächeln, das mich daran erinnerte, was wirklich zählt. Mit ihr begann ein neues Kapitel voller Hoffnung und Liebe.

Dann, im Jahr 2018, wurden wir erneut mit einem Wunder beschenkt – unsere zweite Tochter kam zur Welt. Sie brachte eine zusätzliche Tiefe der Freude in unser Leben. Unser Glück wurde dadurch noch größer. Sie wurde unser Schatz, der unsere Familie noch enger zusammenwob. Und schließlich, im Jahr 2021, kam unser Sohn zu uns, ein weiteres Geschenk des Lebens.

Diese Kinder sind das Herz und die Seele meines Daseins. Sie geben mir den Mut und die Entschlossenheit, auch in den schwierigsten Momenten weiterzumachen. Ihre Mutter, meine Frau, deren unerschütterliche Fürsorge uns alle zusammenhält, ist die Säule, die uns stützt. Ohne sie, ohne ihre unendliche Liebe und Hingabe, hätte ich diesen Kampf gegen meine inneren Dämonen und die bürokratischen Mühlen der Bundeswehr schon längst aufgegeben. Meine Familie hat mich fest im Leben verankert. Sie erinnert mich Tag für Tag daran, warum es sich lohnt, weiterzukämpfen, warum es sich lohnt, stark zu bleiben.

In all den Diskussionen über Wertschätzung und Fürsorge für einsatzgeschädigte Soldaten wird ein grundlegender Faktor häufig übersehen: die Familie. Die Familien unserer Soldaten sind die stillen Helden. Sie tragen eine Last, die sie sich nicht ausgesucht haben, die sie aber mit unendlicher Tapferkeit schultern. Diese Familien leiden mit, sie kämpfen mit, sie weinen und hoffen. Nicht selten reißt die Bande der Ehe unter der Last dieser Erlebnisse. Und doch bleiben ihre Bedürfnisse in den Angeboten der Bundeswehr leider oft unberücksichtigt. Die wenigen Programme, die es gibt, reichen bei weitem nicht aus. Wir müssen mehr tun, damit sie die Unterstützung und Anerkennung erhalten, die sie verdienen.

Diese Situation zeigt uns die Kehrseite des Heldentums – die stille Tapferkeit der Angehörigen, die Tag für Tag an der Seite unserer verwundeten Krieger stehen. Ihre Bedeutung für deren Heilung kann nicht hoch genug eingeschätzt werden. Denn am Ende des Tages sind es die Familien, die uns am Leben halten – sie sind das unsichtbare Band, das unsere Gemeinschaften zusammenhält und das uns auch als Nation stark macht.

In der Betreuung von einsatzgeschädigten Soldaten wurden in den vergangenen Jahren bemerkenswerte Fortschritte erzielt. Einrichtungen wie beispielsweise der Lotsendienst, die Härtefallstiftung und das

Sozialwerk der Bundeswehr sind oftmals ein rettendes Ufer für jene, die im Dienst für unser Land Schaden erlitten haben.

Doch wie bei jedem ambitionierten Unterfangen zeigen sich auch hier die Grenzen des Machbaren. Die hochmotivierten Mitarbeiter dieser Institutionen sehen sich nicht selten mit einer Flut von Anfragen und einer Komplexität von Fällen konfrontiert, die ihre Kapazitäten überfordern. Es ist, als stünden sie vor einem großen Puzzle, dessen Teile sich ständig verschieben.

In Anbetracht dieser Herausforderungen erscheint es ratsam, die bestehenden Strukturen zu stärken und auszubauen. Wie ein Baum, der seine Wurzeln tiefer in die Erde treibt, um Stürmen zu trotzen, so müssen auch diese Einrichtungen gefestigt werden. Dies könnte durch die Bereitstellung zusätzlicher Ressourcen geschehen, gleich einem frischen Wasserstrom, der neues Leben bringt. Spezialisierte Schulungen für die Mitarbeiter könnten ihr Wissen vertiefen und ihre Fähigkeiten verbessern. Noch hilfreicher wäre allerdings eine Vereinfachung der Gesetze, Vorschriften und Verfahren.

Trotz großen Optimierungspotenzials möchte ich an dieser Stelle meinen tiefempfundenen Dank zum Ausdruck bringen. Mit tiefer Dankbarkeit gedenke ich jener Kameraden, die in schwierigen Zeiten unerschütterlich an meiner Seite standen. Sie haben mir gezeigt, dass der Geist der Kameradschaft in großen Teilen unserer Reihen lebendig ist.

Ende Mai, als die Schatten der Vergangenheit des vorangegangenen Jahres noch immer meinen Geist verdunkelten, bemühte ich mich mit Hilfe meiner treuen Therapeutin, die Fragmente meines Selbst wieder zusammenzufügen. Mitten in diesem sorgsamen Prozess der Heilung traf mich ein Schreiben der ZALK wie ein Blitzschlag.

In den kalten, unbarmherzigen Zeilen dieses Briefes wurde mir mitgeteilt, dass meine Schutzzeit und damit auch mein Wehrdienstverhältnis besonderer Art zum 31. Juli 2022 ihr Ende finden würden. Der falsche Vorwurf, ich hätte nicht an einem Gesundheits-Assessment teilgenommen, und das harsche Urteil, ich könnte das Ziel der Schutzzeit, meine Gesundung, nicht mehr erreichen, ließ meine Hoffnung auf eine bessere Zukunft schwinden.

Ich glaube, die Menschen in der ZALK würden ihre Urteile anders fällen, wenn sie selbst nur einen Bruchteil des Leidens von Einsatzgeschädigten und deren Familien persönlich erfahren hätten.

Verzweifelt suchte ich meinen Sachbearbeiter bei der ZALK auf, in der Hoffnung, einen Weg zu finden, um diese gnadenlose Entscheidung revidieren zu können. Doch seine Antwort, kalt und endgültig, ließ meine Hoffnungen wie eine Sandburg im Sturm der Wellen zerfallen. Es gab keinen Ausweg, die Entscheidung war gefallen. Dann folgte noch ein zweiter Schlag. Ich sollte wieder als Arbeitnehmer in meiner alten Dienststelle arbeiten. Wie konnten sie mir das antun? Einerseits erklärten sie, dass ich krank sei und nie wieder gesund werden würde, und andererseits erwarteten sie von mir, vollwertig arbeiten zu können?

In dieser tiefen Dunkelheit boten mir weder der Sozialdienst der Bundeswehr noch mein treuer Anwalt und auch nicht der Deutsche BundeswehrVerband einen Lichtstrahl der Hoffnung. Doch, wie ein

Nordlicht am nächtlichen Himmel, war da meine Frau, die sich an meine Seite stellte und mit mir den Kampf aufnahm. Gemeinsam schrieben wir Briefe an den Wehrbeauftragten, den Beauftragten des Bundesministeriums der Verteidigung für einsatzbedingte posttraumatische Belastungsstörungen und Einsatztraumatisierte, den Generalinspekteur der Bundeswehr und die politische Leitung des Bundesministeriums der Verteidigung. Durch deren Eingreifen gelang es uns in letzter Minute, die Beendigung meiner Schutzzeit abzuwenden.

19. Berufliche Wiedereingliederung

Ermutigt von meiner Therapeutin und einem Facharzt eines Bundeswehrkrankenhauses begann ich, mich mit zwei Stunden täglicher Arbeit wieder in das Leben zu integrieren. Doch meine Ankunft in der Dienststelle, die vorab mit den führenden Mitarbeitern abgesprochen war, fühlte sich an, als würde ich auf eine unsichtbare Barriere stoßen. Nachdem ich meinen Truppenausweis an der Wache vorgezeigt hatte, musste ich längere Zeit vor dem Kasernentor warten. Schließlich kam eine junge Frau aus dem Wachgebäude und teilte mir mit, dass es keine Verwendung für mich in dieser Dienststelle geben würde. Sie reichte mir einen kleinen Zettel mit der Telefonnummer eines Personalbearbeiters eines Bundeswehrdienstleistungszentrums und bat mich, bei weiteren Fragen dort anzurufen.

Mit bebender Stimme erklärte ich ihr, dass ich ihre Anweisungen verstanden hätte, aber trotzdem das Gelände betreten möchte. Als sie mir den Zugang verwehren wollte, fragte ich sie mit zitternder Stimme: „Sie wollen also einem deutschen Soldaten den Eintritt in eine Kaserne verweigern?“. Sie war überrascht und wusste nicht, wie sie reagieren sollte. Schlussendlich öffnete sie das Tor und ließ mich passieren.

Bis zu meinem Termin beim Sozialdienst wartete ich in der Kantine. Ungewissheit lastete schwer auf meinen Schultern. Glücklicherweise kam mein Fallmanager, ein ritterlicher Seelenführer aus den Reihen des Vereins Deutsche Einsatzveteranen, auf mich zu. Er wollte mich begleiten und mein Anliegen unterstützen.

Mit dem Sozialdienst wurde für die darauffolgende Woche ein Termin beim Bundeswehr-Dienstleistungszentrum (BwDLZ) Bruchsal vereinbart. Die Zeit dazwischen kam mir wie eine Ewigkeit vor. Dank der Unterstützung durch den stellvertretenden Landesverbandsvorsitzenden des Deutschen BundeswehrVerbandes für Süddeutschland, Oberstleutnant Josef Rauch, war ich in der Lage, mich von den dämonischen Gedanken abzulenken, die meinen Geist wie dunkle Wolken umkreisten.

Als wir in Bruchsal ankamen, wurden wir in das Büro des Behördenleiters geführt. Dort warteten bereits der Dienststellenleiter, meine Disziplinarvorgesetzte und die Personalchefin. Deren von Unverständnis und Unsicherheit gekennzeichneten Ausführungen verdeutlichten, dass meine Situation für sie ein völlig unbekanntes Terrain darstellte. Mit fester Stimme und aufrechter Haltung schilderte ich den Anwesenden meine Fähigkeiten, die Meilensteine meines beruflichen Werdeganges und meine gegenwärtigen gesundheitlichen Einschränkungen.

Am Ende des Treffens fiel die Entscheidung, als Hausmeister im Karriere-Center der Bundeswehr in Stuttgart zu arbeiten. Bereits am nächsten Tag sollte ich anfangen.

Als ich meine neue Arbeitsstätte betrat, schwankte ich zwischen Freude und Nervosität. Ein Kollege sollte mich in die Räumlichkeiten einweihen und mir meine neue Aufgabe näherbringen. Mir wurde dabei klar, dass meine beruflichen Qualifikationen und die in den Auslandseinsätzen gesammelten Erfahrungen in den Augen meiner neuen Vorgesetzten nichts wert waren. Meine gesundheitlichen Einschränkungen wurden nicht berücksichtigt. Es war eine Farce, mein Können für das Nachfüllen von Toilettenpapier zu nutzen. Ein bitterer Geschmack der Demütigung stieg in mir auf, und erneut fühlte ich mich diskriminiert. Offensichtlich war ich in dieser Umgebung unerwünscht.

Obwohl meine Arbeit in Afghanistan weit über das hinausging, was meine offizielle Position als Sprach-mittler umschrieb, wurde die Vielfalt und Tiefe meiner Qualifikationen nicht anerkannt. Die Türen, die mir offenstehen sollten, sind und bleiben verschlossen. Immer wieder stoße ich auf Entscheidungsträger, die meine Qualifikationen und beruflichen Erfahrungen als irrelevant abtun.

Nachdem ich während der Arbeitszeit einen Anfall erlitten hatten, bekam ich eine neue Aufgabe zugewiesen: Ich sollte an drei Tagen pro Woche für jeweils vier Stunden im Aktenlager in der Theodor-Heuss-Kaserne arbeiten. Dort führte mich ein leitender Beamte behutsam in die Arbeit der Mikro-filmstelle ein. Schnell bemerkte ich, dass IT-Prozesse nicht optimal verliefen und einige Dokumentationen noch händisch durchgeführt wurden. Mit Bedacht erarbeitete ich Vorschläge zur Optimierung dieser Arbeitsabläufe und trug sie meinen Kollegen und Kolleginnen vor. Meine Überlegungen stießen zunächst auf Skepsis, doch nach der Demonstration praktischer Beispiele gelang es mir schließlich, ihre Zustimmung zu gewinnen. Gemein-sam setzten wir die Verbesserungen um. Wenn es IT-Probleme gab, konnte ich ihnen jederzeit weiterhelfen.

Seit fast zwei Jahren arbeite ich nun in der Mikro-filmstelle. Zu Beginn waren alle Computer in einem einzigen Raum untergebracht. Die Kollegen mussten daher ihre Büros verlassen und zuvor die Nutzung der wenigen Geräte abstimmen. Dies war für alle eine Erschwernis.

Heute ist die Situation deutlich besser: Jeder Arbeits-platz ist mit einem Computer ausgestattet. Dabei war der Weg dorthin ziemlich steinig, wie folgendes Bei-spiel zeigt: Eine Kollegin, die mittlerweile im wohl-verdienten Ruhestand ist, wünschte sich einen Com-puter in ihrem Büro. Deser Wunsch wurde ihr wie-derholt verwehrt. Ich setzte mich für sie ein, erhielt jedoch von einem Verantwortlichen folgende Ant-wort: „Sie hat mich übergangen, jetzt soll sie sehen, wie sie zurechtkommt.“

Diese Reaktion erinnerte mich an ähnliche Erfahrun-gen in früheren Positionen, bei denen persönliche Empfindlichkeiten die Arbeitsatmosphäre negativ beeinflussten. Ich bin der Meinung, dass Führungs-kräfte über solche Differenzen hinwegsehen sollten, um ein produktives und harmonisches Arbeitsumfeld zu schaffen. Mehrere Kollegen sind mit dem Führungsstil ihrer Vorgesetzten unzufrieden, doch viele zögern aus Angst vor Konsequenzen, dies offen anzusprechen.

Mit der Zeit gewann ich Vertrauen in meine Arbeit, und ich fühlte mich in den Räumlichkeiten sicher. Die Beziehung zu meinen Kolleginnen und Kollegen war harmonisch. Doch wie sich bald herausstellte, hatten die Vorgesetzten andere Pläne.

Im April 2023 nahm ich an einer Sitzung eines interdisziplinären, patientenzentrierten Rehabilitationsteams (IPR) teil. Das Team bestand aus Ärzten, die für meine medizinische Betreuung bei der Bundeswehr zuständig waren, dem Sozialdienst, Vertretern der ZALK sowie meinen Vorgesetzten. Während dieser Sitzung wurden die durchgeführten Therapieansätze und deren Resultate analysiert und das weitere Vorgehen besprochen. Das Team hatte sich bereits am frühen Morgen getroffen. Mein Chef, meine Lotsin und ich wurden erst am Nachmittag hinzugezogen.

In dieser Runde offenbarte mein Vorgesetzter seine Überforderung im Umgang mit mir. Er kritisierte die Entscheidung, mich als Soldat in eine zivile Dienststelle versetzt zu haben, und offenbarte, dass er von der Leitung der Dienststelle beauftragt worden sei zu prüfen, ob meine Versetzung aus Sicht des IPR möglich wäre. Als man mich nach meiner Meinung dazu fragte, bat ich darum zu erfahren, warum ich die Dienststelle verlassen sollte. Schließlich verrichtete ich meine Arbeit gut, kam mit den Kolleginnen und

Kollegen aus und fühlte mich sicher an meinem Arbeitsplatz.

Was dann folgte, ließ mich irritiert zurück. Mein Disziplinarvorgesetzter berichtete, dass er andere Informationen erhalten hatte und las aus einem Schreiben vor: „Die Hauptaufgabe in der Mikrofilmstelle ist das Enteisen und Digitalisieren von Akten, und laut Aussage des Chefs der Mikrofilmstelle sowie dessen Vorgesetzten ist Herr Shayan dazu nicht in der Lage. Er hat viele Fehlzeiten, und aus diesen Gründen sieht er keine weitere Verwendung für ihn in Stuttgart." Ich war schockiert und konnte kaum Worte finden. Ich sagte lediglich, dass die Anschuldigungen falsch seien.

Nach dem IPR-Treffen wartete ich auf meine Lotsin. Ich gestand ihr, dass es mir richtig schlecht ginge. Sie drückte ihr Verständnis für meine Sorgen aus und stellte klar, dass das, was ich im IPR erlebt hatte, kein angemessener Umgang mit einem Soldaten sei. Mit schwerem Herzen und enttäuscht von der Bundeswehr kehrte ich nach Hause zurück, geplagt von dem Gedanken, dass sich der rote Faden der Ausgrenzung auch hier weiterzog.

Am darauffolgenden Arbeitstag verfasste ich einen Brief, in dem ich um ein Treffen mit dem Vorgesetzten, der Bewertungen über meine Arbeit schriftlich an meinen Disziplinarvorgesetzten übergeben hatte, und der Kollegin, die sich das Büro mit mir teilte, bat. Ich schlug vor, dass ein Mitarbeiter des Sozialdienstes der Bundeswehr diese Sitzung moderieren sollte, um die gegen mich erhobenen Vorwürfe zu besprechen und für Klarheit zu sorgen. Seit fast zwei Jahren warte ich auf eine Antwort.

Meine Situation auf der Arbeitsstelle wurde dadurch nicht leichter. Daher versuchte ich eines Tages, nach Dienstschluss ein klärendes Gespräch mit meinem Vorgesetzten herbeizuführen.

Leider verlief das Gespräch nicht konstruktiv; er konnte nicht mit Kritik umgehen. Mit einem Ausraster beendete er das Treffen abrupt.

Im Laufe der Jahre, von 2010 bis heute, hatte ich mehrmals die Ehre, hochrangige Politiker, Offiziere, Journalisten und Wissenschaftler in Deutschland persönlich zu treffen und mich mit ihnen auszutauschen. Erfreulicherweise habe ich auf diesen Ebenen stets Akzeptanz und Anerkennung erfahren. Leider musste ich feststellen, dass diese Wertschätzung nicht durchgehend auf allen Ebenen des Apparats der Bundeswehr vorhanden ist.

20. Johannes Arlt und die militärischen Sprachmittler

2021 zog Johannes Arlt als Abgeordneter in den Deutschen Bundestag ein. Mit außergewöhnlichem Engagement hat er sich seither den Belangen von Veteranen und militärischen Sprachmittlern gewidmet. Als Visionär und Vorkämpfer initiierte er die erste öffentliche Debatte unter dem Titel „Veteranen zweiter Klasse". Sie hatte die oft schwierige Lage dieser tapferen Frauen und Männer ins Licht der öffentlichen Aufmerksamkeit gerückt. Johannes Arlt, selbst Major der Luftwaffe und erfahrener Veteran zahlreicher Auslandseinsätze, versteht wie kaum ein anderer die unverzichtbare Rolle, die unsere Sprachmittler in den Wirren des Krieges spielen.

Sein tiefes Verständnis für die Bedürfnisse dieser oft übersehenen Gruppe trug maßgeblich dazu bei, dass der DBwV große Erfolge in der Verbandsarbeit verbuchen konnte. Mit seiner Unterstützung gelang es uns, dass alle militärischen Sprachmittler, die nach dem Ende der Kampfeinsätze in Afghanistan ab 2015 nicht mehr gebraucht wurden, dennoch in der Bundeswehr verbleiben konnten. Sie erhielten unbefristete Verträge für eine gesicherte berufliche Zukunft. Von besonderer Bedeutung ist hierbei, dass Sprachmittlern weiterhin das monatliche Gehalt gezahlt wird, das sie zuletzt beim Bundessprachenamt erhalten hatten.

Für seinen herausragenden Einsatz und seine unermüdliche Hingabe spreche ich Johannes Arlt im Namen aller Sprachmittler unseren tief empfundenen Dank aus. Sein Beitrag zur Verbesserung der Lebensumstände aller Veteranen und dabei besonders der Sprachmittler ist von unschätzbarem Wert und wird für immer in Erinnerung bleiben.

21. Der Beschluss der ersten IPR-Sitzung

Einen Monat nach der IPR-Sitzung hatte ich einen Termin mit meiner Truppenärztin. Sie sagte: „Im IPR wurde eine Entscheidung getroffen, die man Ihnen direkt vor Ort hätte sagen müssen. Es ist eigentlich nicht meine Aufgabe, Ihnen das mitzuteilen, da es meiner Meinung nach das Verhältnis zwischen dem Arzt und dem Patienten belasten könnte. Aber ich habe nun mal den Auftrag bekommen, Ihnen dies mitzuteilen.“

Die Entscheidung des IPR sah folgende Schritte vor: zunächst eine sechswöchige stationäre Behandlung, die Erwartung meiner Genesung bis Ende des Jahres, dann meine Entlassung. Ich fragte meine Ärztin: „Was geschieht, wenn wir dieses Ziel in der vorgegebenen Zeit nicht erreichen?" Ihre Antwort hallte in meinen Ohren wider: „Dann wird anerkannt, dass das Ziel der Schutzzeit für Sie nicht erreichbar ist." Diese Worte hinterließen einen Stich in meinem Herzen.

Auf dem Heimweg belasteten mich tausende Gedanken und Sorgen. Die Autofahrt kam mir endlos vor. Als ich mit meiner Frau über die Entscheidung des IPR sprach, schlug sie vor, mich mit anderen Betroffenen in Verbindung zu setzen. Für diesen Rat bin ich ihr noch heute sehr dankbar.

Als ich erneut in die Welt der Sprachmittler eintauchte, erfuhr ich eine überwältigende Solidarität. Fast jeder von ihnen, Veteranen ihrer eigenen Kriege und Deutsche mit afghanischen Wurzeln, hatte dieselbe schicksalshafte Botschaft des IPR mitgeteilt bekommen: „Es gab eine Evaluierung, und die Entscheidung fiel, Sie zu entlassen."

Unsere Nachforschungen zeigten allerdings, dass diese harten Entscheidungen nur die Sprachmittler betrafen. Diskriminierungsgefühle kamen plötzlich wieder hoch. Wie konnte es sein, dass eine Gruppe von Menschen, die sich so leidenschaftlich für die Interessen der Bundesrepublik Deutschland eingesetzt hatte, so kollektiv bestraft wurde?

In diesem Moment vertraute ich mich der Obhut einer stationären Behandlung an. Ich wollte mein Bestes tun, um die seelischen Wunden zu heilen, die mir

durch den loyalen Dienst in der Bundeswehr zuge-
fügt worden waren.

Ein Jahr ist vergangen, seitdem ich die schützenden
Mauern der Klinik hinter mir gelassen habe. Die
Ärzte rieten zu einer behutsamen Rückkehr in den
Alltag: vier Stunden Arbeit, nur vier Tage jede Wo-
che, ein Zyklus bis zur nächsten Wiederkehr in eine
stationäre Behandlung.

Nach einem Jahr des Hoffens stand erneut eine stationäre Behandlung bevor. Die Trennung von der
Familie schmerzte jedes Mal aufs Neue. Doch die
Entschlossenheit brannte lichterloh in mir, zurück-
zukehren zu jenem Selbst, das ich einst war. Dabei
war mir bewusst, dass dies wahrscheinlich nicht
möglich sein würde. Die Diagnosen, schwer wie Blei,
sprechen eine klare Sprache: Es geht nicht um Heilung, sondern um Koexistenz mit einem steten
Schatten.

22. Bürokratie und Beharrlichkeit: Auf dem Weg zur Anerkennung

Nach der Heimkehr aus der Klinik, trotz eindring-
licher Mahnungen, keinen Druck auszuüben, ertön-
ten die Forderungen der Bundeswehrärzte unerbittlich. „Herr Shayan, das reicht nicht, Sie müssen mehr
zeigen!" Dieses Echo will einfach nicht verstummen.
Meiner Truppenärztin sagte ich: „Das ist doch Irr-
sinn. Ich bin kein Computer, den man einfach neu
startet, und dann läuft er besser!" Doch auch sie
konnte nur weitergeben, womit sie durch die ZALK
beauftragt worden war.

Auf Empfehlung meiner Therapeutin ging ich im März 2024 zum Parlamentarischen Abend des Deutschen BundeswehrVerbandes in Berlin. Dort, in einem Meer aus Uniformen, begegnete ich jenen, die unsere Geschicke lenken: Minister Pistorius, General Breuer, hohe Heerführer und politische Größen wie den Fraktionsvorsitzenden der CDU, Friedrich Merz, den damaligen Vorsitzenden von Bündnis 90/ Die Grünen, Omid Nouripour, die Wehrbeauftragte des Deutschen Bundestages, Frau Dr. Eva Högl, und viele mehr. Meine Worte, getragen von der Schwere meiner Lage, und diejenigen meiner Kameraden fanden Gehör. Versprechungen wurden gemacht, die das Leben der Gezeichneten erleichtern sollten.

Doch die Tage verstrichen, und Stille breitete sich aus. Nach mehr als einem Monat erreichte mich schließlich eine Nachricht: Das Personalamt der Bundeswehr, auf Geheiß des Ministers, wurde beauftragt, meine Lage zu sondieren. Dieser Funken der Hoffnung ist nun ein Leuchtfeuer in der Dunkelheit meiner Tage. Vielleicht, nur vielleicht, wird dies der Beginn einer Wende sein, eine Wendung zum Guten, ein Schritt hin zu jener Normalität, nach der ich mich so verzehre, dachte ich.

Dann erhielt ich eine Antwort auf ein Schreiben, das ich im März dieses Jahres auf Wunsch des Bundesministers der Verteidigung seinem Adjutanten übergeben hatte. Obwohl ich ausdrücklich darum bat, dass der Brief persönlich an Herrn Pistorius weitergeleitet wird, da ich in der Vergangenheit negative Erfahrungen gemacht hatte, wenn Antworten im Namen des Ministers von anderen verfasst wurden, scheint meine Bitte nicht berücksichtigt worden zu sein. Stattdessen erhielt ich ein Antwortschreiben, das von einer Referatsleiterin verfasst worden war. Bedauerlicherweise wurde ein wesentlicher Teil meines Anliegens übergangen. Lediglich die pauschale Begutachtung von Sprachmittlern wurde mit folgenden Worten thematisiert: „Ihre Befürchtung, dass eine pauschale Entscheidung bezüglich der Beendigung der Schutzzeit für die Gruppe der Sprachmitttler beabsichtigt sei, ist unbegründet. Ich kann Ihnen versichern, dass Entscheidungen in den Verfahren nach dem Einsatz-Weiterverwendungsgesetz (EinsatzWVG) nicht pauschal getroffen werden, sondern eine differenzierte Betrachtung jedes Einzelfalls erfolgt. Eine generelle Regelung zur Beendigung der Schutzzeit für eine bestimmte Personengruppe gibt es nicht und ist auch nicht geplant. Die von Ihnen besorgte Benachteiligung bezogen auf die berufliche Qualifizierung der Gruppe der Sprachmittler ist ebenfalls nicht gegeben. Ihnen und den anderen Sprachmittlern werden im Rahmen des EinsatzWVG die gleichen Ansprüche gewährt wie anderen Einsatzgeschädigten."

Leider muss ich jedoch feststellen, dass diese Zusicherung in der Praxis nicht eingehalten wird. Ein Beispiel dafür ist meine zweite IPR-Sitzung, die im Mai 2024 stattfand. Nach meiner Auffassung hätte diese Sitzung erst gegen Ende des Jahres oder sogar im Jahr 2025 stattfinden sollen, da ich mich noch in stationärer Behandlung befand. Erst nach Abschluss dieser Behandlung hätte man beurteilen können, ob Aussicht auf eine Gesundung innerhalb der Schutzzeit besteht. Die Entscheidung, die Sitzung wie geplant durchzuführen, diente vor allem als Machtdemonstration. Man wollte mir zeigen, wer am längeren Hebel sitzt.

Bereits in der Vergangenheit wurde ich von Ärzten äußerst abweisend behandelt, was mich dazu veranlasste, eine Beschwerde an den PTBS-Beauftragen im BMVg zu richten. Der Beschwerdebescheid lautete: „Sehr geehrter Herr Oberfeldwebel Shayan, vielen Dank für Ihre Nachricht. Bezüglich der von Ihnen geschilderten Diskriminierung steht Ihnen und allen aktiven und ehemaligen, zivilen und militärischen Angehörigen der Bundeswehr und des BMVg, die Mobing, Diskriminierung, körperliche oder seelische Gewalt erfahren oder erfahren haben, eine Ansprechstelle im BMVg zur Verfügung. Nähere Informationen erhalten Sie hier: ...".

23. Die zweite IPR-Sitzung: die angedrohte Entlassung

An der zweiten IPR-Sitzung durfte ich zum Ende hin als Zuhörer teilnehmen. Ein Oberfeldarzt, der die Sitzung leitete, eröffnete mir: „Herr Shayan, wir haben uns lange unterhalten und sind zu dem Ergebnis gekommen, Ihre Schutzzeit zu beenden. Sie werden einen Brief von der ZALK erhalten, in dem die Gründe aufgelistet sind."

Ich wies darauf hin, dass diese Entscheidung widersprüchlich sei: Einerseits schicke man mich in eine stationäre Behandlung mit der Hoffnung, dass sich mein Zustand bessere, andererseits träfe man vor Abschluss der Behandlung die Entscheidung, meine Schutzzeit zu beenden. Der Oberfeldarzt entgegnete nur: „Die Entscheidung ist gefallen. Gehen Sie jetzt in die stationäre Behandlung und warten Sie auf den Brief von der ZALK.“

Meiner Bitte nach Einsicht in das Protokoll der IPR-Sitzung wurde leider nicht entsprochen. Dabei geht es doch um mich. Ist es nicht mein Recht, Einblick in die Akten zu erhalten, die mein Schicksal besiegeln? Wäre das nicht ein wichtiger Beitrag für meine Genesung?

24. Kampf um den Familiennachzug

In meinen Bemühungen für eine faire Behandlung der Sprachmittler setzte ich mich auch für den Familiennachzug ein. Dies ist ein komplexes Thema mit vielen rechtlichen und politischen Facetten. Das Aufenthaltsgesetz legt spezifische Bedingungen für die Einreise von Familienmitgliedern fest.

Dazu gehören der Aufenthaltsstatus der Familienmitglieder in Deutschland und die Sicherheitslage im Herkunftsland der Angehörigen. Für Ortskräfte, die für deutsche Behörden gearbeitet haben, existieren spezielle Aufnahmeprogramme. Diese Programme haben jedoch strenge Kriterien und decken nicht immer alle betroffenen Personen ab.

Trotz wohlwollender, aber letztlich machtloser Unterstützung der CDU-Fraktion, die nach meinem Treffen mit dem CDU-Vorsitzenden Friedrich Merz zustande kam, konnte in meinem Fall keine Lösung gefunden werden. Das BMI reagiert seit zwei Jahren nicht auf meine Schreiben.

Währenddessen berichtete mir ein ehemaliger Sprachmittler über die grausame Hinrichtung seiner Cousins durch die Taliban. Die Bilder, die er mir zeigte, waren schrecklich. In diesem Moment wurde mir die Dringlichkeit meines Anliegens schmerzhaft bewusst.

Die besonderen Opfer der militärischen Sprachmittler sind den deutschen Politikern oftmals nicht bewusst. Solange die Taliban an der Macht sind, haben sie wegen ihres Dienstes in der Bundeswehr ihre ursprüngliche Heimat verloren. Wir Sprachmittler und unsere Familien können nicht mehr ehemalige Klassenkameraden treffen, zurückgebliebene Familienmitglieder besuchen oder Grabstätten von Vorfahren pflegen.

Diese bürokratischen Stolpersteine und das Unverständnis der Behörden führen bei den Sprachmittlern verständlicherweise zu Frustration und Wut. Besonders schmerzhaft ist die Situation, wenn Familienmitglieder in Afghanistan aufgrund ihrer Arbeit bei der Bundeswehr gefährdet sind. Als deutscher Soldat und Veteran kam ich nicht umhin, mich zu fragen: Warum gibt es für uns keine vergleichbare Unterstützung wie für Ortskräfte und gefährdete afghanische Bürger?

25. Der Kampf der Sprachmittler um Anerkennung und Gleichbehandlung

Die Situation der Sprachmittler hat sich nicht verbessert. Davon zeugen viele IPR-Sitzungen, die auf eine Entlassung aus der Schutzzeit hinauslaufen.

Ich fühle mich weiterhin verpflichtet, für die Rechte der Sprachmittler einzutreten. Anfang November 2024 schrieb ich einen weiteren Brief an Minister Pistorius, in dem ich auf unser Gespräch während des Parlamentarischen Abends und meinen ersten Brief vom März 2024 Bezug nahm. Ich hoffe, dass er sich der Sache persönlich annimmt und eine Lösung findet, die Sprachmittler-Veteranen mit anderen Soldaten gleichstellt. Das schließt auch die Möglichkeit der Übernahme zum Berufssoldaten ein.

In diesem Kampf für Gerechtigkeit sehe ich mich nicht nur als Betroffener, sondern auch als Vermittler. Meine Erfahrungen haben mir gezeigt, wie wichtig es ist, Verständnis zwischen Kulturen zu fördern und für die Rechte anderer einzustehen. Es ist meine Hoffnung, dass meine Geschichte dazu beitragen kann, Augen zu öffnen und Herzen zu bewegen, um gemeinsam eine Zukunft zu gestalten, in der niemand zurückgelassen wird.

26. Die Bedeutung von Sprachmittlern und Veteranen in unserer Gesellschaft

In den stillen Momenten des Nachdenkens, wenn die Erinnerungen an meine Zeit als militärischer Sprachmittler meine Gedanken anregen, erkenne ich die tiefgreifende Bedeutung des Brückenbauens. Meine in diesem Buch festgehaltene Geschichte öffnet ein Fenster zu einer Welt, die vielen verborgen bleibt – eine Welt, in der Kulturen, Sprachen und Menschen verbunden sind und sich verbunden fühlen.

Die Rolle der Sprachmittler geht weit über das bloße Übersetzen von Worten hinaus. In Situationen, wo Missverständnisse schwerwiegende Folgen haben, tragen sie eine immense Verantwortung. Sie müssen Verständnis schaffen, wo zuvor Misstrauen herrschte.

Nun, da die Afghanistan-Einsätze der Bundeswehr der Vergangenheit angehören, kommt es darauf an, darüber nachzudenken, wie wir mit denjenigen umgehen wollen, die alles riskiert haben, um ihrem Land zu dienen.

Es wäre wünschenswert, wenn die einzigartigen Beiträge und Opfer der Soldatinnen und Soldaten und damit auch der Sprachmittler in Uniform angemessen gewürdigt würden. Ihre Erfahrungen und Fähigkeiten sollten als wertvolle Ressource für unsere Gesellschaft betrachtet und in vielen Berufsfeldern genutzt werden.

Darüber hinaus wäre es von großer Bedeutung, eine Kultur der Anerkennung und des Respekts zu schaffen. In unserer Gesellschaft sollten die Geschichten unserer Veteranen in den Medien diskutiert und gewürdigt werden. So werden sie Teil des kollektiven Gedächtnisses über die Bundeswehr hinaus.

Jeder Einzelne hat die Möglichkeit, zu diesem Wandel beizutragen – beispielsweise durch Gespräche, durch das Teilen von Geschichten und durch die Unterstützung von Organisationen, die sich für die Wertschätzung und das Wohlergehen von Veteranen einsetzen.

Dieses Buch ist dafür ein Beispiel. Es eröffnet ein Gespräch über Loyalität, Opferbereitschaft und die wahre Bedeutung von Integration und Zusammenhalt.

Indem wir uns mit den Erfahrungen und Bedürfnissen der militärischen Sprachmittler auseinandersetzen, reflektieren wir auch über die Grundlagen einer gerechten und mitfühlenden Gesellschaft, einer

Gesellschaft, die die Vielfalt ihrer Mitglieder als Stärke anerkennt und bereit ist, für diejenigen einzustehen, die ihr gedient haben.

27. Die neue Veteranenkultur in Deutschland

Seit 2014 habe ich auf verschiedenen Tagungen immer wieder das Thema der Veteranenkultur in Deutschland aufgegriffen. Ich habe die Mandatsträger im DBwV aufgefordert, sich für dieses Anliegen einzusetzen, da ich es als ungerecht empfinde, dass Deutschland seinen Helden nicht die gebührende Ehre erweist. Nach der Herrschaft der Nationalsozialisten und dem Zweiten Weltkrieg verschwand die Veteranenkultur in Deutschland, doch die Zeiten haben sich gewandelt. Deutschland ist wieder militärisch aktiv auf der internationalen Bühne, um das Böse zu bekämpfen. Die Frauen und Männer, die ihren Dienst für die Bundesrepublik Deutschland ehrenhaft leisten, verdienen Anerkennung. Es ist keine Selbstverständlichkeit, sich freiwillig für die Freiheit einzusetzen und dafür auch persönliche Opfer zu bringen.

Mit der Entschlossenheit eines Visionärs habe ich stets betont, dass die Anerkennung unserer Veteranen nicht nur eine Frage der Gerechtigkeit, sondern auch der nationalen Identität ist. In einer Welt voller Unsicherheiten und Konflikte müssen wir die Bedeutung derjenigen würdigen, die bereit sind, ihr Leben für die Sicherheit und Freiheit unseres Landes zu riskieren.

Dank des unermüdlichen Engagements des DBwV, insbesondere von Oberstleutnant i.G. Marcel Bohnert, den Bundestagsabgeordneten Johannes Arlt und den

Vorsitzenden des Bundes Deutscher EinsatzVeteranen e.V., Bernhard Drescher, sowie vieler anderer engagierter Personen haben unsere Anliegen im Bundestag Gehör gefunden.

Nach über einem Jahrzehnt intensiver Debatten hat Deutschland nun endlich einen nationalen Veteranentag. Am 25. April 2024 beschloss der Bundestag mit überwältigender Mehrheit den entsprechenden Antrag, der von der Ampelkoalition und der CDU/CSU eingebracht wurde. Dieser Tag soll jährlich am 15. Juni gefeiert werden und soll die Wertschätzung für die aktiven und ehemaligen Soldatinnen und Soldaten ausdrücken.

28. Reflexion und Dank

An dieser Stelle möchte ich auch Andreas Steinmetz meinen tief empfundenen Dank für seinen unermüdlichen Einsatz und seine Bemühungen um Gerechtigkeit aussprechen und ihm alles Gute für seinen wohlverdienten Ruhestand wünschen. Zudem danke ich dem Vorsitzenden des DBwV, Andreas Wüstner, sowie Klaus Scharf, dem Vorsitzenden der zivilen Beschäftigten beim DBwV, für ihre ständige Unterstützung und Hilfe. Außerdem möchte ich die Hilfe durch die Härtefallstiftung, das Bundeswehr-Sozialwerk sowie den Sozialdienst der Bundeswehr hervorheben, die unseren Veteranen sowie aktiven Soldaten und zivilen Beschäftigten stets zur Seite stehen.

Mein tiefster Dank gilt meiner geliebten Frau, die mir mit unerschütterlicher Hingabe zur Seite steht. Sie ist die Flamme, die in der Dunkelheit meiner Seele brennt, die unaufhaltsame Quelle meiner Kraft. Durch sie schöpfe ich den Mut, weiterzugehen – in der Hoffnung, eines Tages der Mensch zu sein, der ich einst war. Ohne ihre treue Begleitung und den weisen Rat meiner Therapeutin wäre dieses Buch nie geboren worden – ein Zeugnis eines Weges, der oft schwer, aber niemals ohne Hoffnung war.

Danken möchte ich auch Carola und Uwe Hartmann vom Miles-Verlag für die Möglichkeit, dieses Buch zu veröffentlichen. Beide haben mich auch bei der redaktionellen Schlussfassung des Manuskripts unterstützt.

Euch, liebe Leserinnen und Leser, schulde ich ebenfalls Dank. Es ist Euer Interesse, das mich antreibt, weiterzuschreiben und neue Werke zu schaffen. Mein nächstes Projekt wird ein Erinnerungsbuch sein – ein Mosaik aus den Geschichten der mutigen Sprachmittler, die in zwei Jahrzehnten des Afghanistan-Einsatzes das Unsagbare übersetzten. Mit der Hilfe meiner Kameraden möchte ich dieses Vermächtnis zusammen- und in die Welt hinaustragen – als Mahnung, als Dank und als Erinnerung.

Meine Reise durch das Leben hat mich gelehrt, dass Demokratie und Menschlichkeit keine Selbstverständlichkeiten sind. Sie müssen täglich verteidigt und gelebt werden. Extremismus in all seinen Formen bedroht diese Werte. Als jemand, der zwei Arten von Extremismus erlebt hat, sehe ich es als meine Aufgabe, Brücken zu bauen und für ein friedliches Zusammenleben einzustehen. Nur durch Dialog, Bildung und gegenseitiges Verständnis können wir eine Gesellschaft schaffen, die resistent gegen jede Form von Extremismus ist.

Über den Autor

Geboren und aufgewachsen in Afghanistan, verbrachte Bishan Shayan seine Kindheit und Jugend in
einer Familie von Intellektuellen. Als Jugendlicher
verließ er mit seinen Eltern und Geschwistern das
vom Krieg gezeichnete und von den Taliban be-
herrschte Afghanistan, um in Deutschland ein neues
Leben zu beginnen. Dort waren bereits Teile seiner
Familie seit den späten 1980ern ansässig. Hierzu gehörte auch Bishans Großmutter, die eine wichtige
Bezugsperson für ihn war.

Die Anpassung an die neue Sprache und Kultur in
Europa war eine beachtliche Herausforderung, der
sich Bishan durch intensive Sprachkurse und eine so-
lide schulische Ausbildung stellte. Trotz anfänglicher
Schwierigkeiten erlangte er den Realschulabschluss

und schloss eine Ausbildung als Fahrzeuglackierer erfolgreich ab. Seine berufliche Laufbahn führte ihn schließlich in die Bundeswehr, eine Entscheidung, die nicht nur seinen Ehrgeiz, sondern auch seine Anpassungsfähigkeit und seinen Wunsch, einen aktiven Beitrag zur Sicherheit und zum Wohl seiner neuen Heimat zu leisten, unterstreicht.

Inzwischen wurde Bishan Shayan zum Oberfeldwebel befördert.

Bishans Lebensweg bestätigt die transformative Kraft der Bildung. Er bietet eine Quelle der Inspiration für andere, die mit ähnlichen Herausforderungen konfrontiert sind und den Antrieb suchen, ihre eigenen Lebensgeschichten positiv zu gestalten. Seine Lebenseinstellungen, seine beruflichen Erfahrungen und sein Engagement für eine multikulturelle Gesellschaft machen ihn zu einer faszinierenden Persönlichkeit.

Dieses Buch widme ich in tiefer Liebe und unendlicher Dankbarkeit

Mohammad Naim Shayan,

meinem Großvater, einem unbeugsamen Freiheits-kämpfer Afghanistans, der in den Kerkern der Tyrannei nie seinen Mut verlor, und

Ahmad Zia Shayan,

meinem geliebten Vater, dessen großes Herz für Menschlichkeit und Gerechtigkeit schlug, und der am 4. Januar 2025, kurz vor der Veröffentlichung dieses Buches, von uns ging.

Papa, du kanntest mein Vorhaben und warst so stolz darauf. In diesen Tagen tiefer Trauer wird dieses Buch nun veröffentlicht – ein letztes Geschenk an dich und Großvater.

Eure Lebensgeschichten, geprägt von Mut, Opferbe-reitschaft und Liebe zur Freiheit, werden in den Seiten dieses Buches und in unseren Herzen weiterleben. Möge Euer Vermächtnis die Flamme der Hoffnung in Afghanistan niemals erlöschen lassen.

Deine Worte, Deine Träume und Deine Hoffnungen für eine freie Welt, die du mir offenbartest, Papa, leben in diesem Buch und in mir weiter.

Möge Euer Andenken uns stets daran erinnern, für Freiheit und Gerechtigkeit einzustehen.

Carola Hartmann Miles-Verlag

Einsatzerfahrungen

Artur Schwitalla, *Afghanistan, jetzt weiß ich erst...,* Berlin 2010.

Sascha Brinkmann, Joachim Hoppe (Hg.), *Generation Einsatz. Fallschirmjäger berichten ihre Erfahrungen aus Afghanistan,* Berlin 2010.

Rainer Buske, *KUNDUZ. Ein Erlebnisbericht über einen militärischen Einsatz der Bundeswehr in Afghanistan im Jahre 2008,* Berlin 2015.

Marcel Bohnert, Andy Neumann, *German Mechanized Infantry on Combat Operations in Afghanistan,* Berlin 2016.

Alois Bach, Carola Hartmann (Hrsg.), *Unbekannte Helden des Alltags. Soldaten und Ehefrauen berichten über Verantwortung, Humanität und Belastung im Auslandseinsatz,* Berlin 2020.

Kurt Helmut Schiebold, *99 Tage in Afghanistan. Wie der deutsche Einsatz 2003 im Nordosten Afghanistans begann. Aus meinem Tagebuch,* Berlin 2022.

Christian Gerstner, *Unter dem Schwert. 15 Jahre im Kommando Spezialkräfte,* Berlin 2023.

Hagen Vockerodt, *1638 Tage im Krieg. Die Kehrseite der Einsatzmedaille,* Berlin 2024.

Sicherheitspolitik

Wolf Graf v. Baudissin, *Grundwert: Frieden in Politik – Strategie – Führung von Streitkräften, herausgegeben von Claus von Rosen,* Berlin 2014.

Oliver Schmidt, *Deutsche Außenpolitik und die Zukunft der nuklearen Teilhabe in der NATO,* Berlin 2017.

Dirk Freudenberg, *Theorie des Irregulären – Erscheinungen und Abgrenzungen von Partisanen, Guerillas und Terroristen im Modernen Kleinkrieg sowie Entwicklungstendenzen der Reaktion, (3 Bände),* Berlin 2017.

Markus Reisner, *Robotic Wars – Legitimatorische Grundlagen und Grenzen des Einsatzes von Military Unmanned Systems in modernen Konfliktszenarien,* Berlin 2018.

Pascal Riemer, *Von der russischen Kriegskunst. Eine Untersuchung der dialektischen Zusammenhänge von Staatsidee und Militärwesen am Beispiel der Sowjetunion und der Russischen Föderation,* Berlin 2021.

Georg Kunovjanek, *Cyber – Die Domäne der vernetzten Unsicherheit. Eine kritische interdisziplinäre Analyse des Krieges der Zukunft und seiner normativen Grundlagen,* Berlin 2021.

Joachim Weber (Hrsg.), *Konfliktraum Arktis. Die Großmächte und der Hohe Norden,* Berlin 2021.

Thomas Jäger, Ralph Thiele (Hrsg.), *Der Politische Islamismus als hybrider Akteur globaler Reichweite. Die liberale demokratische Ordnung muss ihre Resilienz stärken,* Berlin 2021.

Uwe Hartmann, *Die Nato. Mächte und Menschen in der transatlantischen Allianz,* Berlin 2021.

Dirk Freudenberg, *Wehrhaftigkeit der Medienordnung – Rechtliche und rechts-politische Probleme vor dem Hintergrund der Konzeption Zivile Verteidigung (KZV),* Berlin 2022.

Carsten Rechtien, *Trumps Amerika – Eine geopolitische Revolution? Tradition und Neuausrichtung der US-Außenpolitik in der beginnenden Ära Trump,* Berlin 2022.

Hans-Peter Weinheimer, *Bevölkerungsschutz 2030 - Anleitung zur Überwindung eines "bewährten" Systems,* Berlin 2022.

Militär und Gesellschaft

Hans-Christian Beck, Christian Singer (Hrsg.), *Entscheiden – Führen – Verantworten. Soldatsein im 21. Jahrhundert,* Berlin 2011.

Marcel Bohnert, Lukas J. Reitstetter (Hrsg.), *Armee im Aufbruch. Zur Gedankenwelt junger Offiziere in den Kampftruppen der Bundeswehr,* Berlin 2014.

Eberhard Birk, Peter Andreas Popp (Hrsg.), *Luftwaffenoffizier 21. Das Selbstverständnis des Luftwaffenoffiziers zu Beginn des 21. Jahrhunderts, (aus der Reihe Schriften zur Geschichte der Deutschen Luftwaffe, Band 5),* Berlin 2016.

Alois Bach, Walter Sauer (Hrsg.), *Schützen.Retten.Kämpfen. Dienen für Deutschland,* Berlin 2016.

Marcel Bohnert, Björn Schreiber (Hrsg.), *Die unsichtbaren Veteranen. Kriegsheimkehrer in der deutschen Gesellschaft,* Berlin 2016.

Angelika Dörfler-Dierken (Hrsg.), *Hinschauen! Geschlecht, Rechtspopulismus, Rituale: Systemische Probleme oder individuelles Fehlverhalten?,* Berlin 2019.

Standpunkte und Orientierungen

Uwe Hartmann (Hrsg.), *Lernen von Afghanistan. Innovative Mittel und Wege für Auslandseinsätze,* Berlin 2015.

Uwe Hartmann, *Hybrider Krieg als neue Bedrohung von Freiheit und Frieden. Zur Relevanz der Inneren Führung in Politik, Gesellschaft und Streitkräften,* Berlin 2015.

**Florian Beerenkämper, Marcel Bohnert, Anja Bu-
resch, Sandra Matuszewski,** *Der innerafghanische Frie-
dens- und Aussöhnungsprozess,* Berlin 2017.

Martin Sebaldt, *Nicht abwehrbereit. Die Kardinalprobleme
der deutschen Streitkräfte, der Offenbarungseid des Weißbuchs
und die Wege aus der Gefahr,* Berlin 2017.

Christian J. Grothaus, *Der „hybride Krieg" vor dem Hintergrund der kollektiven Gedächtnisse Estlands, Lettlands und
Litauens,* Berlin 2017.

Uwe Hartmann, *Der gute Soldat. Politische Kultur und sol-
datisches Selbstverständnis heute,* Berlin 2018.

Christian Bauer, Marcel Bohnert, Jan Pahl, *Vitalis
Innere Führung! Zum Status Quo der Führungskultur in den
deutschen Streitkräften,* Berlin 2019.

Helmut Jermer, *Innere Führung kompakt. Eine Zusam-
menschau als Lehr- und Lernhilfe,* Berlin 2019.

Martin Sebaldt, *Das Elend der Strategen. Warum die deutsche Militärpolitik versagt,* Berlin 2020.

Hannes Wendroth, *Gute Führung – (k)ein Selbstgänger.
Kleine Führungshilfe mit praktischen Hinweisen und persönlichen Anmerkungen,* Berlin 2022.

Hans-Christian Witthauer, Thomas Saller, *Führung und
das 3 Alpha Prinzip. Militärisches Handwerkszeug für den zivilen
Führungsalltag,* Berlin ²2024.

Marcel Bohnert, *Vom Schatten ins Licht. Zeitenwende in
der deutschen Veteranenkultur,* Berlin 2024.

Jahrbuch Innere Führung (seit 2009)

Uwe Hartmann, Claus von Rosen (Hrsg.), *Jahrbuch
Innere Führung 2019. Bundeswehr im Aufbruch. Hindernisse
von den verteidigungspolitischen Vorstellungen der AFD bis zu*

den sicherheitspolitischen Meinungen in der Zivilgesellschaft, Berlin 2019.

Uwe Hartmann, Reinhold Janke, Claus von Rosen (Hrsg.), *Jahrbuch Innere Führung 2020. Zur Weiterentwicklung der Inneren Führung: Themen und Inhalte*, Berlin 2020.

Uwe Hartmann, Reinhold Janke, Claus von Rosen (Hrsg.), *Jahrbuch Innere Führung 2021/22. Ein neues Mindset Landes- und Bündnisverteidigung?*, Berlin 2022.

Uwe Hartmann, Reinhold Janke, Claus von Rosen (Hrsg.), *Jahrbuch Innere Führung 2022/23. Zeitenwende und Kriegsbilder*, Berlin 2023.

Uwe Hartmann, Reinhold Janke, Claus von Rosen (Hrsg.), *Jahrbuch Innere Führung 2023/24. Der Krieg in der Ukraine*, Berlin 2024.

Erinnerungen

Blue Braun, *Erinnerungen an die Marine 1956–1996*, Berlin 2012.

Klaus Grot, *So war's, damals. Dienstchronik eines Pionieroffiziers im Kalten Krieg 1954–1991*, Berlin 2014.

Gustav Lünenborg, *Bürger und Soldat. Innere Führung hautnah 1956–1993, 1993–2015*, Berlin 2015.

Adolf Brüggemann, *Als Offizier der Bundeswehr im Auswärtigen Dienst. Meine Erinnerungen als Militärattaché in Seoul (Republik Korea) 1978–83 und in Prag (Tschechoslowakei/Tschechien) 1988–1993*, Berlin 2015.

Rainer Buske, *Eine Reise ins Innere der Bundeswehr. Wundersame Geschichten aus einer anderen Welt*, Berlin 2016.

Heinz Laube, *Duell am Himmel*, Berlin 2016.

Viktor Toyka, *Dienst in Zeiten des Wandels. Erinnerungen aus 40 Jahren Dienst als Marineoffizier 1966-2000,* Berlin 2017.

Hans-Eckhard Tribess (Hrsg.), *Im Leben unterwegs – für den Frieden. Festschrift für Wolfgang Altenburg zum 90. Geburtstag am 22. Juni 2018,* Berlin 2019.

Kurt Graf v. Schweinitz, *Notizen im Transit von Krieg und Frieden,* Berlin 2020.

Karl-Otto Behrendt, *Der kurze Bericht über eine lange Zeit. Kriegsgefangenschaft 1945–1953, herausgegeben und kommentiert von Hans-Günter Behrendt,* Berlin 2021.

Hans Peter von Kirchbach, *Herz an der Angel,* Berlin 2021.

Dieter Wolf, *Erlebnisse eines MAD-Offiziers und Leistungssportlers,* Berlin 2022.

Klaus Beckmann, *Dienstweg – kein Durchgang? Als Pfarrer und Staatsbürger in der Bundeswehr,* Berlin 2022.

Bernhard R. Kroener, *Lebensscherben – Hoffnungsspuren. Eine Familie aus Schlesien in den Stürmen des 20. Jahrhundert. In zwei Bänden. Eine dokumentarische Erzählung. Mit einer Familienstammfolge von Peter Bahl,* Berlin 2023.

Militärgeschichte

Joachim Hoppe, Manfred Wilde (Hrsg.), *Die Unteroffizierschule des Heeres, Die militärische Meisterschule,* Berlin 2016.

Georg Neuhaus, *Am Anfang war ein Speer. Eine Chronographie der Kriegs- und Militärtechnologien,* Berlin 2018.

Eberhard Frhr. v. Senden, Friedrich Frhr. v. Senden, *Der Erste Weltkrieg 1914–1918. Erlebnisse eines jungen Leutnants,* Berlin 2020.

Harald Fritz Potempa, *Balkan 1914-1945. Raum und Kleiner Krieg als militärhistorische Kategorien in der Wahrnehmung deutscher Streitkräfte,* Berlin 2021.

Stephan Horn, *Französische und wallonische Freiwilligenverbände im Zweiten Weltkrieg. Politische Implikationen militärischer Kollaboration,* Berlin 2021.

Jörg Beining, *Streng geheim! Elektronische Kampfführung im Kalten Krieg. Die EloKa der Bundeswehr und NATO aus östlicher Perspektive,* Berlin 2021.

Martin Kutz, *Die Schlacht als Männerballett oder Mythos und Militär,* Berlin 2022.

Olaf Rönnau, *Eine totale Institution als Zwischenspiel. Die Kadettenschule der NVA von ihrer Gründung 1956 bis zu ihrer Auflösung 1961,* Berlin 2022.

Stephan Maninger, *Für einige Morgen aus Eis und Schnee – Großbritanniens Kampf um Nordamerika 1754-1763,* Berlin 2022.

Frank Ganseuer, Heinrich Walle, *Die Parlamentsmarine. Geschichte(n) und Porträts zur ersten deutschen Flotte von 1848, Beiträge zur Schifffahrts- und Marinegeschichte Band 21,* Berlin 2023.

Eberhard Birk, *Die Deutschen und ihr Militär. Ein Streifzug mit Variationen und Reflexionen über ein einfach schwieriges Thema,* Berlin 2023.

Gerd Bolik, *NATO-Planungen für die Verteidigung der Bundesrepublik Deutschland im Kalten Krieg,* Berlin ²2023.

Petra Fischer, *Propaganda im III. Reich - Front und Heimat im Gleichschritt,* Berlin 2024.

www.miles-verlag.jimdo.com